大悲阁的铜铸金装千手千眼观世音菩萨像

宋太祖敕命铸造河北正定隆兴寺

博士聂崇义上《三礼图》

范宽在画坛上取得领袖地位

一代文豪苏轼诞生

《清明上河图》成画

一代女词人李清照诞生

词兴盛

宋徽宗在国子监增设画学

11世纪—13世纪

1104年

两宋审美在阴柔、细腻、内向、儒雅等诸方面，

达到了一种登峰造极的地步。

开时似雪 谢时似雪

陈炎 主编
陈炎 著

上海古籍出版社

图书在版编目（CIP）数据

开时似雪谢时似雪：两宋卷 / 陈炎主编；陈炎著.
—上海：上海古籍出版社，2017.9（2023.4重印）
（大美中国）
ISBN 978-7-5325-8543-4

Ⅰ.①开…　Ⅱ.①陈…　Ⅲ.①文化史—中国—宋代
Ⅳ.①K244.03

中国版本图书馆CIP数据核字（2017）第174207号

大美中国　两宋卷

开时似雪　谢时似雪

陈　炎　主编

陈　炎　著

上海古籍出版社出版发行

（上海市闵行区号景路159弄1-5号A座5F　邮政编码201101）

（1）网址：www.guji.com.cn
（2）E-mail：guji1 @ guji.com.cn
（3）易文网网址：www.ewen.co

上海中华商务联合印刷有限公司印刷

开本787×1092　1/32　印张8　插页13　字数113,000
2017年9月第1版　2023年4月第9次印刷
印数：25,371—26,670
ISBN 978-7-5325-8543-4

G·664　定价：60.00元

如有质量问题，请与承印公司联系

前　言

　　宋王朝是继唐王朝以后，再度大一统的朝代，但是更加稳定，共历 18 帝，延续了 319 年。这离不开以文官政府为核心的中央政权管理系统。这一系统在带来文质彬彬的审美氛围的同时，也埋下了双重隐患：国力和文化创造力发展都受到拘束。南宋偏安政权则进一步局限了文化的发展。

　　即便如此，两宋也是华夏文化发展史上不容忽视的一笔。

　　在政治上，以文官政府为核心的政权管理人员的选拔，一不论门第，二规模极大，大批的知识分子被吸纳进国家决策中心。随之出现的是宋代军事上的软弱。这种"兴文教，抑武事"的国策虽然不利于军事上的强大，但却极大地促成了文人文化的繁盛。于是华夏审美的主题由"剑气"转向了"书香"，儒雅取代了任侠。同时，文化中心也开始出现了转移——由黄河流域转向长江流域。具体表现在审美变化上就是：纤柔、细腻的南国趣味压倒了粗犷豪放的北方风格，从而成就了一个新时代的审美文化主旋律。

在宗教信仰上，宋朝改变了唐代儒、释、道并举的多元结构，对佛、道两教有所节制，建立了以理学为代表的官方意识形态。以实现"格物、致知、正心、诚意、修身、齐家、治国、平天下"的社会理想为主导。这种使儒学精致化的做法，带来了"文以载道"的审美需求。但同时理学对华夏审美文化的创造力却造成了各种不同程度的伤害。

除了上述这两点共性外，南宋之于北宋，在文化上还是略有不同，这种不同主要是由国仇家恨和经济大发展带来的。

首先，"靖康之变"大大激发了人们民族主义的情绪，这种情绪渗透到了南宋审美文化的各个领域。例如婉约格调的词曲重新恢复了豪放的气质，在金戈铁马中焕发出了新的风采。

　　其次，由于商品经济的大发展，加速了审美活动中世俗化成分的繁盛。例如南宋与北宋相比，书法、绘画等高雅的艺术门类有衰败迹象，而话本、戏剧等通俗的艺术形式则有了新的发展。

　　综上可见，两宋审美在阴柔、细腻、内向、儒雅等诸方面达到了一种新高度，从而将中国古代的审美文化推向了又一座高峰。

目　录

北宋：人文荟萃

公元960年，后周归德军节度使、殿前都点检赵匡胤在陈桥发动兵变，率征讨辽军的部队杀回京城，登基称帝，建立宋朝。与后梁、后唐、后晋、后汉、后周不同，赵宋王朝一方面扩大了疆土，统一了中华；一方面削弱了地方割据势力，建立了稳定的文官政府，避免了夭折的命运。于是，一个继唐代以后的大一统局面再度出现了。

赵宋王朝共历18帝、319年，比唐朝的历史还要长些。但是无论就国力的强盛，还是文化的创造而言，宋朝都略逊一筹。加之受北方异族的侵略，宋朝于1127年被迫南迁，辗转各地，最后定都临安，其后半部分的南宋王朝只不过是一个偏安的政权，其疆域的缩小给文化的创造带来了局限，因此在本卷中，我们只用三分之一的篇幅来论述宋代的审美文化，并沿用史学的概念，将其分为北宋和南宋两个阶段。

与唐代相比，宋代有三个方面的突出特点。

首先，在政治上，宋朝开国伊始，便建立了一个有利于中央集权的文官政府。作为这个政府的官吏来源，宋朝从两个方面发展了唐代的科举制度。一是对考生采取一视同仁的态度，只看文章，不论门第，从而肃清了唐代文章、门第并重的门阀制度余孽；二是扩大规模，以数倍于唐朝的名额大批量地吸纳知识分子，使他们通过科举而进入统治集团。从这一意义上讲，宋朝才是全面代表了庶族地主阶级利益的王朝，宋代才是中国封建官吏制度真正成熟的时代。与这种文官政府的建立相联系，宋朝还改变了过去的军事制度。以政变出身的赵匡胤深知兵权旁落的危险，为了不重蹈前人的覆辙，他汲取了唐朝重用节度使的教训，将过去军阀割据的边塞重镇改为文官镇守，并规定每三年进行一次边官的轮调。除诸州支度的经费之外，所有金帛都需送交中央。这样一来，宋朝的确避免了内部的分裂，但却出现了外部的威胁。与唐代相比，宋代始终是一个军事上软弱的朝代，它虽然统治了南方的大部分地区，结束了五代十国的分裂局面，却无力征讨西方的夏和北方的辽，它的军队不曾在北方的草原上展示过，它的要塞也从未设立到西方的中亚腹地。而当后起的金灭掉北方的辽后，宋朝在屡战屡败中不得不龟缩退让，由保守演变为偏安了。

这种"兴文教、抑武事"的国策虽然不利于军事的强大，但却有助于文化的繁荣。在这样一种社会风气下，书香取代了剑气，儒雅取代了任侠，"郁郁乎文哉"的盛况比唐代有增无已，因而在审美文化的创造上也开拓出一片崭新的天地。

其次，在文化上，我们知道，在相当长的时间里，中华文明是以黄河流域为代表的北方地区为中心的。六朝时代的南方政府，发展了相对落后的江南经济。隋朝大运河的开通，也在一定程度上促进了南、北文化的交流。唐代"安史之乱"以后，中原多故，士人奔走南迁。五代十国，北方再次成为军阀争夺的战场，而南方的生产则在相对安定的条件下得到了发展，越来越成为国家所依赖的经济命脉。进入宋代以后，南方的人口数量第一次超过了北方，可视为"量变"发展所带来的"质变"。与此同时，纤柔、细腻的南国趣味也终于压倒了粗犷、豪放的北方风格。这一点，我们在晚唐五代的研究中已看出端倪，而进入宋代以后则更为普及，以至于成为一个时代审美文化的主导旋律。

最后，在意识形态方面。为了加强世俗政权

对思想领域的控制，为了减少出家人士对赋税的逃逸，也为了以共同的信仰来抵御外族的入侵，宋朝改变了唐代儒、释、道并举的多元结构，对佛、道两教的利用有所节制。在组织上，以朝廷颁发"度牒"名额的方式来控制佛、道信徒的数量；在思想上，则建立了以理学为代表的官方意识形态。从思想史的角度来看，理学的出现并非只是长官意志的简单结果，而是儒、释、道三家思想经唐代相互碰撞、彼此融合的产物。从本质上讲，宋代的理学还是以儒家的伦理思想为核心的，但为了应付佛、道两教在信仰问题上的挑战，而不得不进行相应的改善和调整。一方面，理学家从外部世界中借用了道教的"玄道"理论，将其改造为亘古不移的"理"；一方面，理学家从内心世界中借用了佛教的"自性"学说，将其改造为永恒不变的"心"。然而，与佛、道两教不同，在理学家那里，无论是外在的"理"还是内在的"心"，都不是哲学建构的最终目的，它们的存在是为了使原本建立在亲伦血缘基础之上的儒家伦理获得一个本体论的框架结构和一种形而上的逻辑证明，以实现"格物、致知、正心、诚意、修身、齐家、治国、平天下"的社会理想。这种使儒学哲学化、精致化的做法，对审美文化的影响也是必然的。与自由奔放，甚至爱走极端的唐代艺术家不同，宋代的审美者喜欢以说理为文、以议论为诗。从"文以载道"到"文以害道"，理学对审美文化的创造确乎造成了不同程度的负面影响。

上述三重因素交织在一起，所产生的影响是复杂的、多方面的，其最终的结果便造就了与唐代风格迥异的文化创造，在阴柔、细腻、内向、儒雅等诸方面达到了一种登峰造极的地步，从而将中国古代的审美文化推向了又一座高峰。

『清晨帘幕卷轻霜，呵手试梅妆』

民俗、服饰

记得在唐代审美文化的论述时，我们是从其首都长安入手的。而到了北宋，我们也希望先来看看作为都城的开封。因为从某种意义上讲，一个国家的首都是其精神风貌的直接体现。

开封:

世俗喧闹的都城风采

开封原为唐代的汴州，城跨汴河，是汴河和蔡河、金水河、五丈河的交汇处，地势平坦，物产丰富。后梁开平元年改建为东都，易名开封。以后除后唐外，后晋、后汉、后周三朝均沿用为都城，并不断扩建。宋朝开国后，因开封无山川之险可以御敌，原打算西迁于周汉故地，但考虑到这里既是赵匡胤的发祥地，有一定的权力基础，又是水陆码头、经济中心，遂将此定为东京，而将原唐代的东都洛阳为西京。从赵匡胤960年政变登基，直至1127年在北方异族的侵略下被迫南迁之前，在北宋的9位皇帝所统治的167年里，这里一直是全国政治、经济、文化的中心。

北宋东京开封（001）大致为一个除去了棱角的正方形，包括外城、内城、宫城三个环环相套的组成部分，整个布局显示了以皇权为中心的传统思想。在地势上，开封不像长安那样，依龙首原而形成居高临下的巍峨之势，它表现出一副温顺和平的样子，毫无防范地铺展在一望无际的平原上。在规模上，开封也远不

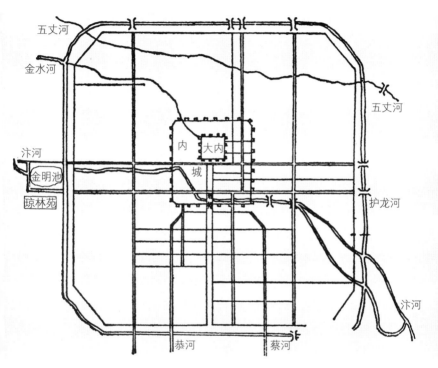

五丈河

金水河

汴河

金明池

琼林苑

五丈河

内
大内

城

护龙河

汴河

恭河

蔡河

001 北宋开封城平面示意图

及长安的气势开张，后周建外城时，周长只有
48 里。尽管如此，在 11 至 12 世纪之间，开封
却是当时世界上人口最多的城市。根据史书记
载，城内 10 厢 128 坊有居民 97 750 户，再加上

城外的 9 厢 14 坊，合计约有 54 万人。除了五朝为都的政治原因外，开封人口的迅速膨胀与城市经济的发展有着密切的联系。我们还记得，唐代的长安共有 108 个排列整齐的坊里，可用于买卖交易的集市只有东、西两个。根据当时的"坊市制"，作为居住区的"坊"和作为商业区的"市"之间是有着严格区分的，只有在规定的时间里，居民才可以到集市上去进行商品交易。经唐末进入五代以后，这种自秦汉以来实行了一千多年的"坊市制"渐渐遭到了破坏。商品经济的发展要求更多的贸易自由，于是不受时间和区域限制的商业活动终于在宋代出现了。在地域上，宋代不仅城里随处可以开设商店，就连城郊和乡镇也有若干草市；在时间上，宋代商店的营业时间完全由店主自行决定，一般的商店大多是天明后开张、日落前打烊，而饭店、茶馆、酒楼则常常开到半夜乃至通宵。当时的开封更是热闹非凡，"大抵诸酒肆瓦市，不以风雨寒暑，白昼通夜"，"夜市直至三更尽，才五更又复开张，如要闹去处，通晓不绝"（孟元老《东京梦华录》）。因此，尽管宋代的开封不像唐代的长安那样巍峨、宏大并富有贵族气息，但却自有其无法比拟的热闹、繁华而富于市民色彩。

为了使我们对当时开封的市容市貌有一个直观的印象，不妨看一看张择端的**清明上河图**（彩图1）。在这位北宋晚期的宫廷画家所创作的528.7厘米的长卷中，我们看到了当时开封及汴河两岸的繁华景象。开封地处汴河、蔡河、五丈河、金水河的交汇处，南船北马，交通便利，既可以将南国的粮食布帛源源不断地运往京师，又可以将北方的工艺制品源源不断地运往江南。因而它既是商贾会聚之所，又是人文荟萃之地。在这幅画面上，我们不仅可以看到蜿蜒的河流、豪华的龙舟、精致的楼台、优美的桥梁，而且可以看到各种各样的手工作坊、形形色色的商业店铺、络绎不绝的车水马龙，有赶集的、买菜的、闲逛的、饮酒的、剃头的、扫墓的、说书的、卖唱的，有乘轿的、骑马的、推车的、拉纤的、挑担的，有茶坊、酒肆、脚店、肉铺、寺观、共廨、卦摊、瓦舍，真正是士农工商、医卜僧道、牛马骆驼、诸色杂买，一应俱全。

这与孟元老在《东京梦华录序》中所描绘的景象相得益彰："举目则青楼画阁，绣户珠帘，雕车竞驻于天街，宝马争驰于御路。金翠耀目，罗绮飘香。新声巧笑于柳陌花衢，按管调弦于茶坊酒肆。八荒争凑，万国咸通。集四海之珍奇，皆归市易；会寰区之异味，悉在庖厨。花光满路，何限春游；箫鼓喧空，几家夜宴。伎巧则惊人耳目，侈奢则长人精神。"北宋开封这种商业化、世俗化的繁华景象，与唐代长安"山河千里国，城阙九重门"的浩大气势形成了鲜明的对照。作为一个大国的都城，如果说长安的政治、军事意义要远远大于经济意义的话，那么开封的经济意义已与其政治、军事意义等量齐观了。

宋陵：

温和儒雅的王朝缩影

不仅都城是一个国家精神面貌的缩影，而且皇陵也是一个王朝气质神态的象征。北宋共有九位皇帝，除后期被金人所执的徽宗赵佶、钦宗赵桓卒于异乡外，其余七位皇帝再加上赵匡胤的父亲、被追尊为宣祖的赵弘殷，均葬在河南巩县南郊依洛河与石子河之间的平原上，合称"七帝八陵"。与因山为陇、力求险峻的唐陵不同，宋陵面嵩山而背洛水，地势南高北低，置陵台于最低处。因此，尽管其占地面积达30平方公里之广，但其平地而起的方锥体灵台仍显得气势不足。与这种平和稳重的地貌相适应，宋陵地上的建筑和雕刻也显得较为儒雅、精致。或许是由于赵宋王朝不是靠征战打下江山，而是靠政变获取天下的，因而便不像唐陵那样以渲染武功为主题，其陵墓前列大致为祥瑞驱邪的象征性动物雕刻，后列大多为仪仗护卫的现实性人物雕刻。在动物雕刻中，有所谓"东陵狮子西陵象，**滹沱陵上好石羊（002）**"的民间歌谣，以说明这三种动物雕刻的美学价值。我们知道，狮子作为猛兽，在人们的想象中具有驱妖降魔的震慑作用，因而历来是陵墓雕刻中常见的题材。但如果我们将唐代乾陵的狮子与宋代东陵（永裕陵）的狮子加以比较的话，便不难看出，

002　溏沱陵上好石羊

其原有征服性的主体正在弱化。乾陵的狮子昂
首挺胸、目视前方，仿佛随时准备扑向敢于来
犯的敌人；而东陵的狮子则头部偏转、重心后
移，并无厮杀征战之意。与狮相比，象虽体积
更大，但却性格温顺，不具有侵略色彩。而西
陵（永泰陵）的大象还配有貌似印度人的驯象
者石刻，显然是御前驯象，表现的是民族团结
的主题。羊的形象虽然在汉、唐的陵墓中即已

出现，但宋陵则更为普遍，这或许取之于"羊"与"祥"的谐音，或许是表现了审美情趣的变化。宋陵中的羊，多为昂首屈膝、神态安详的姿态，它们既不像献陵的石虎那样虎视眈眈，也不像昭陵的六骏那样饱经鏖战，一副温顺善良的样子。不仅动物雕刻反映了宋人的性格，而且人物雕刻也表现了宋人的趣味。从造型上看，中期永昭、永厚二陵前的人物已表现出由粗壮渐趋修长的变化，文臣姿态闲雅，就连武士也有儒将之风，与唐睿宗李旦桥陵前的武臣立像形成了鲜明的对比。总之，正像开封有别于长安一样，宋陵也表现出与唐陵完全不同的审美取向。

赏花钓鱼：男人的游戏

这种崇尚儒雅、爱好和平的审美取向不仅表现在城市和陵墓的建造中，而且表现在日常生活的方式里。为了使宋朝不重蹈后周的覆辙，太祖登基之后便以"杯酒释兵权"等和平的方式免去了一些高级将领的军政要职。据《宋史纪事本末》卷七记载，太祖"尝谓侍臣曰：'朕欲尽令武臣读书，知为治之道。'于是臣庶始贵文学"。为了安慰那些失去兵权的将领，也为了笼络那些胸怀壮志的文人，北宋的最高统治者热衷于赏花钓鱼之类的宫廷活动。"淳化中，春日苑中赏花钓鱼小宴，宰相至三馆预坐，咸使赋诗，上览以第优劣。时姚铉赐白金百两，时辈荣之，比以夺袍赐花等故事。"（《宋诗纪事》卷四引阮阅《诗话总龟》）其实，这类娱乐活动只是为了表示宋家皇帝偃武修文之意，本无足轻重。但在那个皇权至上的年代里，有幸参与的人不免沾沾自喜，无缘参加的人又难免心理失衡。"赏花钓鱼，三馆惟直馆预坐，校理以下赋诗而退。太宗时，李宗谔为校理，作诗云：'戴了宫花赋了诗，不容重见赭黄衣。无憀却出宫门去，还似当年下第时。'上闻之，即令赴宴，自是校理而下皆与会。"（孔平仲《谈范》卷四）上有好者，下必甚焉，这类由宫廷兴起的赏花、钓鱼、赋诗、宴饮活动不仅范围越来越大，而且影响越来越广，以至于成为有宋以来一代知识分子共同的习俗和风尚。欧阳修在自述其"六一居士"的称号时说得明白："吾家藏书一万卷，集录三代以来金石遗文一千卷，有琴一张，有棋一局，而常置酒一壶。""以吾一翁，老于此物之间，是岂不为六一乎？"（《六一居士传》）自此，这种以琴、棋、书、画修身，以诗、词、歌、赋养性的文人习气，便渐渐成为中国知识分子的共同趣尚，它与"自言幽燕客，结发事远游。赤丸杀公吏，白刃报私仇"（陈子昂《感遇诗》三十四），"本为贵公子，平生实爱才。感时思报国，拔剑起蒿莱"（陈子昂《感遇诗》三十五）的唐代知识分子不啻有天壤之别。我们知道，尽管早在先秦时代的孔子就有所谓"文质彬彬，然后君子"（《论语·雍也》）的主张，但它作为知识分子共同的趣味和理想，却是在理学复兴的宋代以后才被真正地确立了下来。扩而言之，以汉民族为主体的重文尚雅的审美情调，也恰恰是从宋代这里开始定型的。

遮面缠足：女人的装束

时代的精神不仅表现在知识分子的趣味上，而且反映在各界人士的服装上。宋代的服饰文化受两个因素的影响，一是国力的衰弱，一是理学的兴起。

与开疆拓土、东讨西伐的唐代相比，即或是领土完整的北宋也是一个国力相对衰弱的朝代，其来自北方的异族势力始终威胁着这个满腹锦绣却又文弱无力的朝廷，最后使其不得不割地迁都，苟且偏安。与此相关，理学在这一时期的繁盛本有着重铸儒学正统、强调民族气节的意义，但其"存天理、灭人欲"的伦理思想又有着束缚感性生命和肉体快感的禁欲主义特征。受前者的影响，人们的衣着便不似唐代的奢华、艳丽，而是讲究淡雅、趋于朴素；受后者的影响，人们的装束便不似唐代的开放、自由，而是讲究等级、趋于保守。

我们知道，唐朝的服饰在少数民族的影响下表现出自由、开放的风尚。而宋太祖建隆二年，博士聂崇义上《三礼图》，奏请以"恢尧舜之典，总夏商之礼"的原则重新制定服饰制度，表现出完全不同的文化努力。尽管这种努力不可能彻底恢复古代礼仪，但其主张尊卑等级、强调夏夷之别的方向是明确的。宋代的服饰制度不仅在唐代的基础上对皇帝、后妃、诸臣百官、命妇、士大夫各色人等的衣着佩饰做了更为严格的限定，此外还规定了如下禁例：

> 初制，定庶人、商贾、伎术、不系官伶人只许服皂，白衣、铁、角带，不得服紫。幞头巾子，高不过二寸五分。妇人假髻，不得作高髻及高冠。大中祥符八年，定内廷自中宫以下，不得以销金、贴金、间金、戢金、圈金、解金、剔金、陷金、明金、泥金、楞金、背影金、盘金、织金、金线捻丝等装饰之服，并不得以金为饰。天圣三年，令在京士庶，不得衣黑褐地白花衣服并蓝、黄、紫地撮晕花样。妇女不得以白色、褐色毛缎及淡褐色匹帛制造衣服，但出入乘骑，在路披毛褐以御风尘者，不在禁限。景祐元年，禁臣庶之家采捕鹿胎制造冠子。非命妇之家，不得以珍珠装饰首饰、衣服及项珠、璎珞、耳坠、头𢄼、抹子之类。[1]

在这类上句"不得"、下句"只许"的禁令中，我们不难看出这个时代的文化走向。

在前面的文字中，我们曾以男女首服的戏剧性变化来说明唐代社会由保守向开放的发展趋势。而入宋以后，这一变化也同样富有戏剧色彩，只是发展的方向却完全不同。隋、唐时代，男子所著纱帽和幞头的样式变化主要是出于审美的考虑，并不注重等级的区分。杜佑《通典》云："隋文帝开皇初，尝著纱帽，自朝贵已下至于冗吏，通著入朝。后复制白纱高屋帽，接宾客则服之。大业年令五品以上通服朱紫，是以乌纱帽渐废，贵贱通服折上巾。"从唐代出土的壁画和陶俑看，上至皇帝贵族、下至黎民百姓，也都可以使用同样的幞头。到了宋代，经过藤织衬里、刷漆覆表、铁丝竹篾撑角等工艺处理，幞头不仅脱离了巾帕的形式，纯粹成了一种帽子。而且其样式的分类有了更为细致、更加明确的等级标志。沈括《梦溪笔谈》云："本朝幞头有直角、局角、交角、朝天、顺风，凡五等。"于是，原本是用于装饰性的巾角，现在却成了贵贱等级的标志。从出土的图像材料看，只有官宦人物才佩戴直角幞头。其角初期尚短，以后不断加长，据说是为了防止官员上朝时交头接耳所制。至于公差、随从、乐人等，则多用局角和交角的幞头。这种区分，与强调尊卑等级的儒家观念是一致的。

从某种意义上讲，妇女的文化地位是衡量一个社会开放程度的有效尺度。入唐以后，女子由全身遮蔽的羃䍦，到浅露姿容的帷帽，再到装饰精美的胡帽，直至袒胸露臂的服饰变化，充分表现了社会风气的开放和妇女地位的提高。然而，与这一发展方向刚好相反，入宋以后，仿照的羃䍦盖头却又出现了。盖头以皂罗制成，方五尺，比羃䍦略小，但其文化功能却是一样的。女子出门戴上盖头，不仅是为了遮挡风尘，而且是为了遮住颜面。这与宋代理学束缚妇女的礼教思想是完全一致的。此一风俗流传甚广，直至明、清以后的新婚女子在婚礼上仍保留了"揭盖头"的传统仪式。这意味着，妇女的容颜是不能由自己来任意袒露的，它要由特定身份的男子来决定。

如果说盖头的出现还只是用以约束妇女感

性生活的一种方式，那么缠足的出现则进一步将妇女变成了男子把玩的对象和玩偶。从出土的鞋物和图画看，唐代妇女均为天足。李白《浣纱石上女》形容当时的女子："玉面耶溪女，青娥红粉妆。一双金齿屐，两足白如霜。"《越女诗》则说："长干吴儿女，眉目艳新月。屐上足如霜，不著鸦头袜。"可见当时的妇女不仅没有缠足，而且有的连袜子也不穿，以袒露出健康、诱人的肤色。这种装束和唐代妇女地位的提高相吻合。而到了宋代以后，情况便发生了根本性的变化。宋人张邦基《墨庄漫录》说："妇女缠足，起于近世。前世书传皆无所自。"从而发明了人类历史上独一无二的缠足陋习。当时的人们用狭长的布带将女子的足踝及脚趾紧紧缠住，从少女时代起便束缚它的生长，以使其变得玲珑小巧、供人把玩。从出土文物看，北宋缠足尚未普遍。到了南宋时期，"三寸金莲"便比比皆是了。这种畸形的审美追求一方面反映了在理学统治时期妇女地位的下降，另一方面也是与当时崇尚阴柔、排斥阳刚的审美趣味相吻合的。

　　总之，一个社会有一个社会的趣味，一个时代有一个时代的风尚。如果说，唐朝是一个崇侠尚武的时代，是一个开放热烈的时代，是一个男人打马球、女人荡秋千的时代；那么宋朝则是一个崇儒尚文的时代，是一个温柔敦厚的时代，是一个男人填词、女人缠足的时代。

〔1〕　周汛、高春明根据《宋史·舆服志》整理，转引自《中国历代服饰》第170页，学林出版社，1984年版。

2

『一带江山如画，风物向秋潇洒』

绘画、书法

继唐代之后，宋代（尤其是北宋）仍然是一个绘画、书法繁盛的时代。但其繁盛的原因不同，其审美的品格也不同。

民间画家·画院画家·文人画家

宋代社会的一大特点是在农村经济的基础上实现了科技、贸易和手工业的繁荣，出现了一些类似开封的商业化城市。而城市经济的繁荣也在一定程度上带动了审美文化的发展。过去只是宫廷、寺庙中常见的绘画，现在已大规模地进入了富裕阶层的家中，并成为茶坊酒肆装点门面的需要。吴元老《东京梦华录》中记载，大画家李成曾为开封某生药铺作山水壁画。吴自牧《梦粱录》也说："汴梁熟食店张挂名画，所以勾引观者，留连食客。"可见，弄幅字画在家中挂挂，在当时是一件颇为时髦的事情。广泛的社会需求，不仅使职业画家的数量剧增，而且使艺术进入了商品市场。据文献记载，开封的大相国寺庙会里出现了书画市场，潘楼东街巷也有了书画、珍玩出售。一些有名的画工甚至成批制造作品，加以推销，如汴梁的刘宗道，"每作一扇，必画数百本，然后出货，即日流布，实恐他人传模之先也"（《画继》）。更有甚者，当时的开封已出现了所谓的"画行百姓"，即由画家组成的行会组织，可见其规模之大、影响之广。

城市经济不仅刺激了绘画的发展，而且影响着画风的转变。在唐代，绘画主要用于宫廷和寺观的装饰，因而宗教人物画始终占据着主导地位。入宋以后，不仅儒、释、道三足鼎立的意识形态被瓦解，而且绘画也大规模地进入了繁华的世俗场所，锱铢较量的商行和吆五喝六的酒肆显然已不再适合悬挂过于严肃的宗教人物画。在这种情况下，能够缓解城市居民紧张、疲惫的心态，并使之重新接近大自然的山水花鸟画得到了长足的发展，继晚唐、五代之后完全占据了绘画的主导地位。

与市民阶层的审美需求相同步，北宋宫廷的绘画也得到了皇室的高度重视。继西蜀、南唐之后，画院制度在宋代得到了巩固和健全。宋代的画院全称为翰林图画院，一度也叫图画局，与天文、书艺、医官合称"翰林四局"，是宫廷中不可或缺的服役机构。进入画院的专职画家由推荐或考试后授职，分为待诏、艺学、祗后、学正四等，未定职称的统称学生。这种体制化的行为不仅笼络了绘画人才，而且为画艺的交流和切磋提供了良好的环境。前为西蜀、南唐的宫廷画家纷纷进入了宋朝的画院，一些民间的绘画高手也被选拔进来。这样一来，各个地区、各个阶层的绘画技法在画院中得到了融会贯通，并进一步发扬光大。除了画院制度的健全外，皇帝的嗜好也对北宋的绘画起了推波助澜的作用。据记载，北宋的九位皇帝中至少出了两位画家。仁宗赵祯擅丹青，曾"画龙树菩萨，命待诏传模镂板印施"（《图画见闻志》卷三）。徽宗赵佶更是书画兼善，他开创的"瘦金体"在书法史上独树一帜，其绘画作品广为流传。他不仅大力收集历代书画作品，编成100帙、14门、总计1 500件的《宣和睿览集》，又在鉴定书画的基础上编纂了《宣和画谱》《宣和书谱》《宣和博古图》等大型著作，保存了大量的文献资料。崇宁三年（1104），他在国子监增设画学，分为佛道、人物、山水、鸟兽、花竹、屋木六个专业，成为国家培养画家的最高学府。因此，尽管徽宗在政治上搞得国破家亡，但在艺术上的贡献却是不容低估的。

尽管市民的需求和宫廷的倡导在普及与提

高的两个层面上为绘画的发展注入了活力，但
与此同时，也由于前者的粗制滥造和后者的僵
化保守而带来了弊端。针对这些弊端，大约在
北宋中、后期，以苏轼、米芾为代表的一批知
识分子打出了"士夫画"的旗帜，他们主张
"能文而不求举，善画而不求售，文以达吾心，
画以适吾意"的自由创作，既反对民间画家的
粗制滥造，又反对宫廷画家的匠艺求工，从而
在民间与宫廷之外形成了第三股创作力量。一
般说来，民间画家和宫廷画家虽在技艺上有粗
细之分，但在趣味上却无本质差别。民间画家
中的优秀者，可以跻身于宫廷画家的行列；而
宫廷画家的作品，也常常成为民间画家的楷模。
北宋时期，无论是民间画家还是画院画家，多
以写真为能、以写实为尚，只不过被称为"院
体"的后者更为细腻工整、更为富丽堂皇罢了。
而"士夫画"的倡导者们则蔑视匠气，提倡墨
戏；反对写实，主张写意。

在不少美术史或美学史的论著中，人们多对
宋代"士夫画"持肯定态度，甚至以此来全盘
否定民间画家和宫廷画家的艺术努力。其实这个

问题是相当复杂的，至少可以分成三个层次来加以理解。首先，从中国画的类型来看，工笔写实与水墨写意之间并无高低之分。而工笔画在这一时期的高度发展，不仅适应了城市经济的发展需要，而且与日趋精致化的理学思潮相吻合。它的极端性发展至少是对中国绘画再现功能的一种考验，因而是值得肯定的。其次，从创作实绩来看，尽管不少民间画家与画院画家确乎存在着媚俗与匠气的毛病，但也留下了不少精美的佳作，不应该以偏概全，彻底否定他们在宋代审美文化中的贡献。与之相反，"士夫画"的出现虽然有着拨乱反正的进步意义，并在理论上颇有建树，对元代以后的绘画产生了深远的影响；但在当时的实践上却处在草创阶段，无论就画家的数量还是就作品的质量而言，都不占据北宋绘画的主导地位，因而也不宜估计过高，更不意味着肯定了文人写意画就一定要否定工笔写实画。最后，北宋画家虽然可以分为上述三个群体、两条路线，但这只是大致的划分而已，在具体的理论和实践方面并不是界限分明的。文人画家中有喜欢工笔写实者，宫廷画家和民间画家中也不乏水墨写意者。进而言之，工笔之中有写意，写意之中也有工笔，二者不仅有相互排斥的一面，而且有彼此渗透的一面。事实上，正是上述三个群体和两条路线之间所形成的必要的张力，才促进了宋代绘画的全面发展。

民俗画·花鸟画·山水画

从题材上看，北宋绘画以民俗画、花鸟画、山水画成就最高。一般说来，民俗画偏重于工笔写实，山水画偏重于水墨写意，而花鸟画则介于二者之间，形成了由写实向写意的过渡。随着城市经济的兴起，审美主体的普及，绘画作品中的人物也随之而发生着深刻的变化。魏晋南北朝时期，绘画作品中的人物以神佛为主，间或有一些凡人，也都是帝王将相、门阀士族。到了唐代以后，绘画作品中的凡人多了起来，但也主要是达官显贵、宫廷侍女。只有进入宋代以来，真正的平民百姓才大规模地出现在画面上，从而形成了一幅幅反映城乡生活的风俗人物画。据《图画见闻志》记载，宋代的高元亨"多状京城肆车马"，叶仁遇"多状江表市肆风俗，田家人物"，陈坦画"田家娶妇，村落祀神"，此外如王居正的《纺车图》、高元亨的《从驾两军角觝戏场图》、燕文贵的《七夕夜市图》、苏汉臣的《货郎图》，以及前面提到的张择端的《清明上河图》，都有很高的造诣。这些作品大大扩充了绘画艺术的生活内容，从各个侧面反映了普通民众的生活状态，因而生动、活泼，充满了泥土的芬芳。

王居正是生活在仁宗前后的画家，据《圣朝名画评》记载，为了了解民间的生活，他经常出入于寺观、苑囿等群众聚集的场所，静静地倾听、悄悄地观察。他的《纺车图》是北宋前期遗存不多的风俗画代表作之一。从表面上看，该画与唐代张萱的《捣练图》中的部分内容有着一定的承继关系，但张图中的人物衣着华丽、动作闲雅，表现的是宫廷侍女的日常生活；而王图中的人物则衣着俭朴、动作吃力，反映的是下层民众的辛苦劳作。户外的大树下，两位农村妇女正在纺纱：年轻的媳妇一手摇动着纺车的轮子，一手还抱着吃奶的婴儿；而年迈的婆婆则弓腰驼背，吃力地扯动着手中的纱线。在构图上，两个人物一静一动、一坐一站，形成了必要的张力。在细节上，我们甚至可以看到婆婆膝上的补丁，及其脸上所刻满的生活的艰辛。在氛围上，媳妇身后还有一个五六岁的儿童手持小竿，牵着青蛙在玩耍；而她的前面，则有一只小狗在穿梭奔跑。所有这些，都表现出浓郁的乡村气息。

苏汉臣是北宋宣和年间的画院待诏，以画儿童题材的作品见长，有《二童赛枣图》《萱草婴儿图》《秋庭戏婴图》《婴儿戏浴图》《婴儿斗蟋蟀图》等作品，他下笔纤细、准确，善于把握特定环境下儿童的心理动态，并通过儿童的活动来反映风土民情。相传出自其手笔的《货郎图》便是一幅绝妙的民俗画。在商品流通日益广泛的宋代，乡村货郎是极受孩子们喜爱的流动小贩。他们能说会道、走街串巷，用那些针头线脑、花纸糖人点缀着人们的日常生活。他们穿戴奇特、货物杂多，所到之处准能给孩子们带来欢乐。画家正是抓住了这一富有情趣的生活瞬间，不仅表现了儿童的天真可爱，而且反映了生活的丰富多彩。

风俗人物画在北宋末和南宋初达到了高潮，出现了许多篇幅浩大、人物繁多的精品佳作，其中张择端的《清明上河图》（彩图1）便是一幅千古不朽的艺术精品。张择端是北宋徽宗时代的宫廷画家，明代王梦端的《书画传习录》说他"幼读书，游学于京师，任至翰林承旨。性习绘事，工于界画，尤嗜于舟车、市桥、郭径，别成家数也。以失位家居，卖画为计，写有《清明上河图》"。可见他既当过宫廷画家，也当过民间画家。或许正是这种复杂的双重经历，使他既具备了精湛的艺术技巧，又有了丰富的生活经验，从而最终登上了这座在后人看来似乎是不可企及的艺术高峰。《清明上河图》长528.7厘米，宽24.8厘米，现藏于故宫博物院。关于它的内容，我们在前面已有所介绍，要在如此之大的篇幅内，反映如此广阔的社会内容，显然是一件十分困难的事情。而该画的价值，就在于实而不板、繁而不乱、长而不冗。在构图上，画家采取"散点透视"的传统方法，让观者在移形挪步中不断领略汴河两岸的风土人情。从杨柳新绿、炊烟淡淡的郊外，到车水马龙、摩肩接踵的虹桥；从算卦卖药、修车造船的市井，到旌旗猎猎、气势雄伟的城门；从缥缈淡远、似有似无的舟楫，到锱铢较量、人声鼎沸的庭院……画家将农村与城市、植物与人物、河流与建筑巧妙地搭配起来，从而在虚与实、繁与简的变幻中调整着观众的视点、控制着节奏的变化，将画面推向一个又一个高潮。在技法上，画家兼工带写，线条流畅，大到广阔的原野、浩渺的河流、高耸的城郭，小到房上的砖瓦、门上的牌匾、车上的钉铆，都可以看得一清二楚。界尺描摹处不觉得呆板，笔墨挥洒处不显得懈怠。整个画面繁简得法、张弛有序。在细节的处理上，画家不仅注意区别各色人等在服饰、装束上的差异，而且注重刻画人物之间在特定环境下的相互关系。一幅画面竟有五百多个人物，有问者，有答者；有呼者，有应者；有卖者，有买者；有忙者，有闲者；有动者，有静者……这其中不乏民俗性的情调、戏剧性的冲突，令人观赏不已、回味无穷。

如果说民俗画主要反映了市民阶层的审美需求，那么花鸟画则重点体现了宫廷贵族的美学趣味。后蜀灭亡后，黄居寀随其父黄筌来到开封，入画院，任待诏。由于其精致富贵的"黄派花鸟"十分投合宫廷的趣味，因而很受皇帝的赏识。宋太宗委派**黄居寀**（彩图2）搜罗并鉴定名画，于是黄派技法便被确立为官方的标准。据沈括《梦溪笔谈》记载，当时徐熙的孙子徐崇嗣因继承了野逸自然的徐派画风而被黄居寀斥为"画法恶不入格"，被排斥在画院外。《画继》也说："图画院四方召试者源源而来，多有不合而去者。盖一时所尚专以形似，苟有自得，不免放逸，则谓不合法度，或无师承。故所作止众工之事，不能高也。"在这种情况下，"黄家富贵"更加富贵，而"徐氏野逸"也更加野逸了。

应该看到，"黄派花鸟"虽有其富贵艳俗的局限，但在工笔写真的技法上确有其细致入微之处。在这种写真风气的影响下，对生活细节的观察与摹仿越来越引起画家们的重视。例如，在真宗年间负有盛名的赵昌，为了能用色彩忠实地反映现实，常常在清晨趁朝露未干之时，便去花圃中一边观察一边调色，从而获得了"写生逼真，时未有共比"的美誉。英宗时代的易元吉为了观察猴子的习性，曾"寓宿山家，动经累月"，终于留下了《聚猿图》之类的杰作。到了北宋晚期的徽宗时代，这种风气愈演愈烈。"徽宗建龙德宫成，命待诏图画宫中屏壁，皆一时之选。上来幸，皆一无所称，独顾壶中殿前柱廊拱眼斜枝月季花，问画者为谁？实一少年新进。上喜，赐绯，褒赐甚宠，皆莫测其故。近侍尝请于上，上曰：月季鲜有能画者，盖四时朝暮花蕊叶皆不同。此作春时日中者，无毫发差，故厚赏之。""宣和殿前植荔枝，既结实，喜动天颜。偶孔雀在其下，而召画院众史，令图之。各极其思，华彩烂然。但孔雀欲升藤墩，先举右脚。上曰：未也。众史愕然莫测。后数日，再呼问之，不知所对。则降旨曰：孔雀升高，必先举左。众史骇服。"（《画继》卷十）徽宗不仅是一个敏锐的观察者，而且是一个杰出的艺术家，现存其署名御制的花鸟作品有《五色鹦鹉图》《瑞鹤图》《红蓼白鹅图》《腊梅山禽图》等多种，虽因其风格多样而被疑为有他人代笔之嫌，但从其精湛的书法造诣来看，绝不能排除其亲手创作的可能。《芙蓉锦鸡图》有其亲手题写的诗歌，该画精工典雅，富丽华贵，可视为"钩勒填彩，旨趣浓艳"之"黄派花鸟"的继续，且与《画继》中关于他"独于翎毛尤为注意，多以生漆点睛，隐然豆许，高出纸素，几欲活动"的记载完全吻合，相信是赵佶的亲笔之作。《**柳鸦图**》（003）更是笔墨精湛、构图巧妙，堪称宫体花鸟画中的精品。

或许在有些人看来，国画以写意为主，月季开时花蕊的微妙变化，孔雀跃时先举哪一只脚，这些生活中的细枝末节并不重要。但是我们不要忘记，绘画毕竟是一种以再现生活为主要内容的

003　赵佶《柳鸦图》

艺术，如果我们对世间万物缺乏细致的观察功夫和准确的描摹能力，又怎么能够离形求似、着意挥洒呢？从艺术辩证法的观点来看，倘若不经过一个全力写真、刻意求工的时代，又如何能够进入一个更高阶段的写意创作呢？"雕琢而至于不见雕琢之痕，此乃雕琢之最高境界。不管北宋后期的文人墨客们是否达到了这一境界，至少他们是在向这个奋斗目标而努力的。"[1] 而这一努力，也正是他们对中国绘画，乃至整个审美文化史所做出的独特贡献。

在尊重客观、摹仿自然的前提下，一些画家也在自觉地纠正着"黄派花鸟"富贵艳俗的缺陷。在这一方面，首先应该提到的是神宗时代的画院待诏崔白。他的花鸟画往往取材于败荷芦雁、雪竹山鸥、秋塘群鹅、寒鸦野兔之类，显然是受了"徐熙野逸"的影响。在技法上，他也突破了"黄派花鸟"的局限，常常工中带写，不尚雕琢。现存的《双喜图》（004）是其重要的传世佳作。

继崔白之后，文同的墨竹不仅汲取了徐派的野逸，而且表现了文人的旷达。文同字与可，

画面描绘了秋风乍起的山野场景：荆草、树枝顺风摇曳；一只山雀却逆风展翅，惊慌地在空中保持着平衡；另外一只虽然已经落在了枝头，但仍惶恐不安地鸣叫着；而地上的野兔却安闲地回望着山雀，仿佛在问他们为什么这样大惊小怪。整个构图将树木、山雀和野兔在秋风中的不同表现交汇到一起，动静结合，富有情调。

004　崔白《双喜图》

进士出身，有较高的文学修养。他不像职业画家那样过分地重视技巧，而将意韵看得更为重要。据苏轼记载，文同画竹，"必先得成竹于胸中，执笔熟视，乃见其所欲画者，急起从之，振笔直遂，以追其所见，如兔起鹘落，少纵则逝矣"（《文与可画筼筜谷偃竹记》）。这种凭借灵感而不是依靠功夫的艺术创作，显然与宫廷画家一枝一叶的精心描摹迥然不同，它或许不够严谨，但也脱尽匠气。对此，苏轼有诗赞道："与可画竹时，见竹不见人。岂其不见人，嗒然遗其身。其身与竹化，无穷出清新。庄周世无有，谁知此疑神？"（《书晁补之所藏与可画竹三首》）以墨写竹，并不自文同始，但观其流传至今的**《墨竹图》**（005），那疏朗得体、潇散有致的寥寥几笔，确显出前人所没有的书卷气息。这种"身与竹化"的人格境界，与其说是客观再现，不如说是主观表现了。

在文同的启发下，苏轼大力倡导并全面论述了"士夫画"的创作要领，并成为这场运动的领袖人物。大致说来，他的思想包括三个方面的内容：首先，他主张"君子可以寓意于物，而不可

005 文同《墨竹图》

以留意于物"(《宝绘堂记》),提倡创作的自由性
和随意性,蔑视职业画家刻意为画的创作动机。
宋代的士大夫,一般都有很高的文化修养,其中
有不少诗、书、画兼擅者,苏轼自己就是一个典

型的例证。但他强调的是，只有将艺术创作看成是修身养性的手段而非升官发财的工具时，绘画才能进入一种潇洒自由的境界。而一般的职业画家尽管有娴熟的技巧，却常常陷入为画而画的异化状态，因而就难免匠气。其次，他认为"论画以形似，见与儿童邻"（《书鄢陵王主簿所画折枝二首》），主张离形写意，蔑视简单摹仿。也就是说，"士夫画"不仅要冲破创作主体功利观念的束缚，而且要冲破创作对象外在形式的束缚："观士人画如阅天下马，取其意气所到。乃若画工，往往只取鞭策毛皮、槽枥刍秣，无一点俊发，看数尺便倦。"（《又跋汉杰画山》）尽管在"形似"之外求"神似"，在"写实"之外求"写意"的思想并不自苏轼始，但在当时宫廷、民间一律以工笔为高、以写真为尚的情况下，苏轼的观点确有其振聋发聩的作用。最后，他主张"诗画本一律，天工与清新"（《书鄢陵王主簿所画折枝二首》），强调不同种类艺术间的相互渗透。与一般的工匠艺人不同，当时的文人士大夫都能诗善赋，具有很高的艺术修养，从而使"诗"与"画"的相互渗透成为可能。通过这一渗透，不仅可以为作品注入特有的书卷气息，而且可以使偏重于客观再现的绘画艺术与偏重于主观表现的诗歌精神结合起来，在有限的绘画空间中蕴含着无限的诗意。在这一点上，苏轼曾将王维的创作视为楷模："味摩诘之诗，诗中有画；观摩诘之画，画中有诗。"（《书摩诘蓝田烟雨图》）以此为出发点，他甚至将王维放在了吴道子之上："道子虽妙绝，犹以画工论。摩诘得之于象外，有如仙翮谢笼樊。吾观二子皆神俊，又于维也敛衽无间言。"（《凤翔八观》）这种重树艺术权威的举动，表现出明显的"尚意"倾向。苏轼不仅有理论，而且有实践。在题材上，与那些爱画珍禽瑞兽的宫廷画家不同，他专画枯木石竹，"作枯木，枝干虬屈无端，石皴硬，亦怪怪奇奇无端，如胸中蟠郁也"（米芾《画史》）；在技法上，与那些精雕细琢的工匠画家不同，他"笔酣墨饱，飞舞跌宕，如其书，如其文"（清孙退谷《庚子消夏记》）。尽管从传为其作的《木石图》中，我们不难发现其粗糙生硬之处，但那大胆的笔法、独特的追求，不仅令时人一新耳目，而且对后世产生了深远的影响。

与风俗画和花鸟画相比，北宋从事山水画的文人最多，其"尚意"倾向也最明显。据郭若虚《图画见闻录》记载，北宋前期最为流行的山水画派有关仝、李成、范宽三家，他们被称为"百代标程"，可见其影响之大。关仝的情况，我们在晚唐五代的部分中已作过介绍，这里主要看李、范两家。

李成先世为唐代宗室，祖父李鼎、父亲李瑜都是著名的文人。由于时代的变故，李成于后周时未能施展抱负，入宋以后则饮酒作画，避世全身。与那些职业画家不同，李成具有很高的文化修养和政治抱负，他出经入史、能诗擅赋，绘画不是其谋取生计的工具，只是他抒发郁闷的手段。据说当时开封的王公贵族竞相请他作画，但李成清高自赏，弄笔自适，很少为他人动笔。于是乎仿造者纷纷出笼，据后来的米芾讲，他平生所见题为"李成"之画者不下三百幅，其中只有两件真迹。以此而论，前面所引开封某中药铺以挂李成画而自重的事情也就真假难辨了。今传李成作品有《**读碑窠石图**》（006）、《晴峦萧寺图》《茂林远岫图》等。《读碑窠石图》款题"王晓人

006 李成《读碑窠石图》

物，李成树石"，元《图绘宝鉴》已有著录，较
为可靠。该图画荒野、寒林中有童仆随行人仰观
古碑，使人联想起历代兴衰变迁之事，耐人寻
味。图中枯枝作蟹爪状，与李成桀骜不驯的性格

相吻合。整个构图凄凉萧索，与《图画见闻录》关于其绘画"气象萧疏，烟林清旷，毫锋颖脱，笔法精微"的记载相一致。总之，在这幅画中，我们所看到的不仅是精湛的技法，更重要的则是画家的人格。难怪《圣朝名画评》说他"思清格老，古无其人"呢！这也正是文人画与工匠画的区别所在。

李成在太祖初年即已去世，在这以后的60年里，范宽在画坛上取得了无可争辩的领袖地位。与李成一样，范宽也是一个"落魄不拘世故"（《宣和画谱》）的在野文人画家。他卜居终南山太华岩隈林麓之间，常常终日危坐，极目远望，沉湎于山水之间。与李成烟林清旷、气象萧疏的风格不同，范宽的绘画气象氤蕴、意境深远。北宋刘道醇《圣朝名画评》认为："李成之笔，近视如千里之远；范宽之笔，远望不离坐外。"这可能与二者所处的地域环境有关，因而其影响也不同，当时有所谓"齐鲁之士，惟摹营丘（李成）；关陕之士，惟摹范宽"的说法，后来的王诜则将其二人比作"一文一武"。尽管如此，有一点却是共同的，那就是他们都要在绘画之中寄托主体的人生境界、表现主观的人生理想。今传范宽的作品有《溪山行旅图》、《雪景寒林图》（彩图 3）等，前者气势浩大，后者意境高远。若没有足够的艺术修养，没有开阔的文化胸襟，是断不能画出这样的作品的。

到了北宋中期以后，郭熙和工诜继承了李成和范宽的事业。与李、范二人不同，郭熙布衣出身，因善画而被引入画院，先授艺学，后迁待诏，成为宫廷画家的一员。但从其著名的《林泉高致》看，郭熙同样具有很高的文化修养。在这部重要的画论著作中，他一方面像其他的宫廷画家一样，注重了取法自然的写真意义，指出"学画花者，以一株花置深坑中，临其上而瞰之，则花之四面得矣。学画竹者，取一枝竹，因月夜照其影于素壁之上，则竹之真形出矣。学画山水者，何以异此？盖身即山川而取之，则山水之意度见矣"；一方面，他又同那些文人画家一样，强调了主观情致的重要意义，认为"以林泉之心临之则价高，以骄侈之目临之则价低"。或许正是这种折衷调和的态度，使他既得到了神宗皇帝的赏识，又获得了苏轼等人的赞美。郭熙不仅在理论上左右逢源，而且在实践上兼收并蓄。从其代表作《**早春图**》（彩图 4）可以看出，他既取法于李成树木的遒劲，又继承了范宽山势的高远，并能使二者融会一体、相得益彰。除该图外，郭熙流传下来的作品还有《关山春雪图》《窠石平远图》《幽谷图》《古木遥山图》等。

然而北宋山水画的主流还是在画院之外发展的。比郭熙约晚 30 年的王诜是宋代开国功臣王全斌的后代，娶英宗之女蜀国公主，为驸马都尉、利州防御使。高贵的出身和良好的环境使王诜具备了深厚的文化修养，他与苏轼、米芾等人一样，于诗词、书法、绘画无所不工，其创作态度也与之相仿佛。他的绘画既工于设色，亦擅长水墨；既发展了盛唐的李思训，亦继承了宋初的李成；前者如《烟江叠嶂图》，后者有《**渔村小雪图**》（彩图 5）。在设色山水方面，李思训喜用金碧，王诜则纯用大青绿；李思训爱画楼阁，王诜则偏好自然；李思训工整而尚欠成熟，王诜则成熟而不求工整。在水墨山水方面，李成苍凉而古朴，王诜则清秀而雅致。总之，王诜既保持了文人画家的书卷气息，又表现出自己独特的个

性，从而对北宋后期偏于秀丽的风格和重视傅色
的技法产生了影响。从整体上看，王诜的作品或
许不像郭熙那样成熟而老练，但却俊逸而儒雅，
这一切都与其文人的气质和修养有关。

　　到了北宋晚期，米芾父子更高地擎起了文
人山水的旗帜。米芾初仕校书郎，擢书画博士，
迁礼部员外郎。他不仅是宋代的四大书法家之
一，而且具有极高的绘画素养，有《画史》《书
史》《宝章待访录》等著作传世。在创作动机
上，他倡导信笔为之的墨戏，反对刻意求工的
匠气；在审美风格上，他倡导平淡自然的天真，
反对姹紫嫣红的华丽；在绘画技法上，他倡导
用书法中的笔触来表现自然山水的变化，反对
描枝画叶的界尺工笔。据史料记载，米芾作
画，不专笔纸，或以纸筋，或以蔗滓，或以莲
房，性之所至，皆可为画；其山水画，最善于
表现烟岚氤氲、晴雨之间的朦胧景色，千变万
化，新意无穷。遗憾的是，米芾真迹已无，我
们或许可以通过其子米友仁南宋以后的作品来
体会所谓“米氏云山”的妙处所在。宋人邓椿
在《画继》中记载，米友仁“天机超逸，不事

绳墨，其所作山水，点滴云烟，草草而成，不
失天真，其风肖乃父。"他的代表作有《潇湘奇
观图》《云山墨戏图》《云山图》等，充分发挥
了水墨渲染的效果，具有独特的风格。

苏·黄·米·蔡

从民间画家到宫廷画家再到文人画
家，从风俗画到花鸟画再到山水画，
我们可以清楚地看出北宋绘画在
"写实"与"写意"之间的不同侧重
和相互转换，而到了以抽象线条为载体的书法艺
术中，宋代的"尚意"倾向终于占据了上风，并
完全打破了唐人所建立起来的"法度"，从而在
中国书法的历史上做出了新的贡献。

北宋书法名家荟萃，前期的李建中、林逋、
欧阳修，后期的薛绍彭、赵佶、蔡京都有佳作
传世。然而，最能代表北宋艺术风格和美学价
值的还要数著名的苏、黄、米、蔡。至迟自元
代开始，就有人将苏轼、黄庭坚、米芾、蔡襄

四人相提并论，称之为"宋四家"，而到了明代，书画家王绂提出异议，认为从时间上看，蔡襄比其他三人都早，却放在最后，不合逻辑，因疑"苏黄米蔡"中的"蔡"应为北宋后期的蔡京而非蔡襄，并推论说，由于后人厌恶蔡京为人奸诈，是有名的佞臣，故去京而换襄，遂导致时间上的错乱。这种观点虽能自圆其说，但不太符合北宋书法发展的逻辑，尽管蔡京的书法成就确乎不低，可就其开创性而言，却远不能与蔡襄相比。不仅后来的黄庭坚、张邦基、朱弁、王十朋、解缙、李东阳、王世贞等人都曾盛赞过蔡襄的作品，就连苏轼也将其称为"本朝第一"。更大的可能是，由于后人考虑到苏轼在文坛上的崇高地位，所以才在四家次序上做了改动。因此，我们这里仍然维持"宋四家"的传统说法，只是在论述上还原了历史的顺序。从时间上看，若以蔡襄出生的年代为准，苏轼后24年，黄庭坚后33年，米芾后39年，他们刚好分布在北宋自真宗至徽宗的大部分历史时期。而从艺术趣味上看，他们则分别体现出"尚意"倾向在不同时期的发展与深化。

　　蔡襄是仁宗时期的进士，曾任翰林学士等职。他的楷书庄重严谨，得唐人颜真卿之法度；他的行书潇洒简逸，承五代杨凝式之意韵。在书法史上，他是一个承前启后的转折性人物。在创作态度上，蔡襄也表现出"重法"与"尚意"的双重品格。据说他写《书锦堂记》时不仅严格遵守前人法度，而且每个字都要写上数十遍，择其善者而用之，称为"百衲碑"，可谓严谨到了拘谨的程度；然而在他日常生活的书札中，却常常无意间表露出一种盎然的趣味和生机，这也正是宋人所要发展和崇尚的东西。蔡襄流传下来的书迹颇多，有《茶录》《牡丹谱》《寒蝉赋》等楷书作品，《与杜长官帖》、《陶生帖》、《大研帖》、《扈从帖》、**《澄心堂纸帖》**（007）、《持书帖》、《自书诗札》等行书作品，另外还有《万安桥记》《昼锦堂记》《刘蒙伯墓碣文》等石刻。从其迥然相异的两种风格中我们不难看出由唐书"重法"到宋书"尚意"的转变过程。

　　苏轼也是仁宗时代的进士，官至翰林侍读学士、礼部尚书。他盛赞蔡襄的书法，并认为"如君谟，真、行、草、隶无不如意，其遗力余意，

007　蔡襄《澄心堂纸帖》

变为飞白，可爱而不可学，非通其意能如是乎？"
（《跋君谟飞白》）可见让他感兴趣的并不是蔡襄严
谨矜持的法度，而是其无意中流露出来的意韵。
从书法渊源上看，苏轼早年学徐浩、柳公权，中
年学颜真卿、杨凝式，因而有着一个由"重法"
到"尚意"的转变过程。在创作动机上，苏轼认
为书法和绘画一样，只是文人修养的自然表露而
已，没有必要刻意为之，所谓"退笔如山未足珍，

读书万卷始通神"(《柳氏二外甥求笔迹》)，重要
的不是技法上的功夫，而是文化上的素养。他甚
至认为，"口必至于忘声而后能言，手必至于忘
笔而后能书"(《虔州崇庆禅院新经藏记》)，只有
进入到一种忘情的自由状态，才可能在无意间
调动出全部的文化积累，创作出富有韵味的作
品。在创作方法上，苏轼反对陈陈相因、恪守死
法，主张"出新意于法度之中，寄妙理于豪放之
外"(《书吴道子画后》)，只有懂法而又不拘泥于
法，才可能有所创新、有所发展。为此，他自言
"吾书虽不甚佳，然自出新意，不践古人，是一
快也。"(《评草书》)在创作风格上，苏轼认为书
法的妙处既不在工，也不在奇，而只在"天真烂
漫"。所谓"短长肥瘠各有态，玉环飞燕谁敢憎?"
(《孙莘老求墨妙亭诗》)在创作实践上，苏轼擅长
行、楷，以行书见长。在前人的基础上，他创造
出一种刚健有力而又婀娜多姿的独特风格，所谓
"貌妍容有矉，璧美何妨椭。端庄杂流丽，刚健含
婀娜"(《和子由论书》)。今存苏轼的作品主要有
《**黄州寒食帖**》(008)《新岁展庆帖》《前赤壁赋》
《答谢民师论文帖》《祭黄几道文》等，石刻则有

008 苏轼《黄州寒食帖》

《醉翁亭记》《丰乐亭记》《表忠观碑》《柳州罗池庙碑》等。这些作品，初看字形扁阔，欹侧倾斜，不甚规范。可将它们放在整幅字中细细品味，则会觉得一点一横一撇一捺都是那样生动，那样灵活，那样清新自然，那样富有个性。正是由于上述理论和实践上的一系列贡献，使得苏轼不仅占据了"宋四家"的首席地位，而且真正将"宋书尚意"的美学倾向确立下来。

黄庭坚是英宗时代的进士，曾任涪州别驾、吏部员外郎等职。他曾与秦观、张耒、晁补之游学于苏轼门下，号称"苏门四学士"。在书法上，他初以宋代周越为师，后受颜真卿、怀素、杨凝式等人的影响，对于苏轼自是推崇备至："东坡道人少日学《兰亭》，故其书姿媚，似徐季海；至酒酣放浪，意忘工拙，字特瘦劲，乃似柳诚悬；中岁喜学颜鲁公、杨风子书，其合处不减李北海。至于笔圆而韵胜，挟以文章妙天下，忠义贯日月之气，本朝善书，自当推为第一。"（《跋东坡墨迹》）同苏轼一样，黄庭坚也十分重视书家的学识和修养，认为"若使胸中有书数千卷，不随世碌碌，则书不病韵，自胜李西台、林和靖矣。"（《跋周子发帖》）同苏轼一样，黄庭坚也十分重视学者的人品和个性，认为："一丘一壑，自须胸次有之，但笔间那可得？"（《题七才子画》）"若灵府无程，纵使笔墨不减元常、逸少，只是俗人耳。"（《书缯卷后》）同苏轼一样，黄庭坚也反对死守陈规，主张发挥个性，倡导"不烦绳削而自合"（《题李白诗草后》），认为"随人作计终后人，自成一家始逼真"（《题乐毅论后》）。沿着苏轼开辟的道路，黄庭坚进一步颠覆了唐人的法度。在字体结构上，他不像苏轼那样化方为扁，以生动见长；而是中宫紧缩，四缘扩散，甚至运用移位的方法来突破字与字之间的界限。在用笔方式上，他不像苏轼那样化拙为媚，以趣味取胜；而善于用夸张有力又涵养深厚的长笔，创造出苍老而富有豪气的韵味，形成了自己纵横奇崛、波澜老成的独特风格。今存黄庭坚书迹甚多，大字行书有《黄州寒食诗卷跋》、《伏波神祠字卷》、《**松风阁**》（009）等，小字行书有《婴香方》《王长者墓志稿》《泸南诗老史翊正墓志稿》等，草书则有《李白忆旧游诗卷》《刘梦得竹枝词卷》《诸上座帖》等。看黄庭坚的字同读黄庭坚的诗一样，有一种"点铁成金""夺胎换骨"的感受。

米芾是"宋四家"中唯一没中进士的人，但从其有关绘画和书法的著作中可以看出，他同样有着很高的文化修养。《书史》二卷著录了米芾平生所见和家藏的书法墨迹，兼及评论和考证，具有很高的史料价值。《海岳名言》为米芾平日论书之语，对古人书法多有批评，具有独到的理论见解。米芾学书，渊源甚广，上溯魏晋，下及隋唐，钟鼎铭文，竹简碑刻，无所不学。但他学古而不泥古，敢于怀疑甚至批判自己学习的对象。米芾学习柳公权，却又说他是"丑怪恶札之

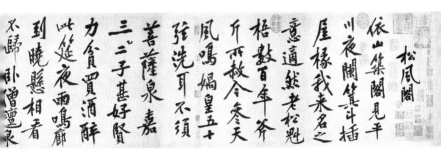

009　黄庭坚《松风阁》(局部)

祖"；米芾效法颜真卿，却只肯定他的行书，"真便入俗品"。之所以会出现这种现象，或许有三个方面的原因：一是由于米芾性格上的狂放不羁，二是由于米芾书法上的风格变换，三是由于到了米芾所处的北宋晚期，"尚意"的宋人似乎已有了更多的自信，可以不在前人的"法度"面前顶礼膜拜了。米芾传世的书法作品比较丰富，楷书有《向太后挽辞》，行书有《蜀素帖》《**苕溪诗帖**》(010)、《拜中岳命帖》《虹县诗卷》，草书有《草书九帖》《多景楼诗帖》等。在"宋四家"中，米芾的笔法变化最多，风格也最为全面，他善于取众家之长，化为己用，时人称"集古字"。从蔡襄的"百纳碑"到米芾的"集古

010 米芾《苕溪诗帖》

字",似乎形象地表明了宋代书法从踵武前贤到
融会贯通、自我发展的实践历程。米芾不仅汲取
了前代书家的营养,而且总结了本朝名流的经
验,在他的《蜀素帖》中,我们可以看到苏轼的
潇洒;在他的《虹县诗卷》中,我们也不难发现
黄庭坚的老成。从这一意义上讲,米芾可谓北宋
书法的集大成者。因而后世的董其昌"以为宋朝
第一,毕竟出东坡之上"。总的来说,无论是真、
行、草、篆,米芾都能以意为主,得天纵之趣。
正像宋高宗在《翰墨志》中所说的那样:"以芾
收六朝笔墨,副在笔端,故沉著痛快,如乘骏
马,进退裕如,不烦鞭勒,无不当人意。"从这

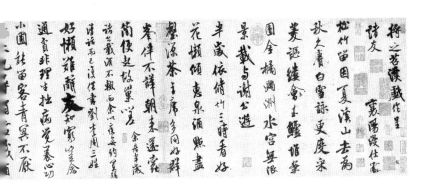

一意义上讲，宋代书法的美学倾向，既可以看成是对唐代法度的"否定"，又可以看作是对六朝精神在更高层次上的"回归"。单就书法创作所取得的成就而言，我们自然不能说"宋四家"已超过了东晋"二王"的水准，但其毕竟表现出了更为丰富的主观个性、更为多元的创作可能。

我们知道，唐代是一种"重法"的时代。那个时代的书法艺术家，从持笔的方法，到运笔的力度，从每种字体的风格特征，到每个字形的间架结构，都曾做了认真的研究，并试图从中总结出规律性的东西，使其程式化、规范化。从初唐四家，到颜真卿，再到柳公权，这种"重法"的努力从酝酿、到发展、到成熟，直至到了令后人叹为观止的地步。在这种情况下，宋人若要继续沿着唐人"重法"的道路走下去，便只能越来越呆板、越来越机械。如此说来，从"唐人重法"到"宋人尚意"的转变，既是时代精神发展的需求，也是艺术自身演变规律的需要。从审美效果来看，唐书的价值在于有理可循，有法可依。直到今天，初学书法者总要先临摹柳公权、颜真卿的字体，没见谁从苏轼、黄庭坚入手的。然而为法而法，只能陷入死法的局限。而宋书的意义正是要摆脱局限，在知法守法的基础上显示出书家自身的个性、修养、情趣和爱好。从这一意义上讲，宋书确乎不宜摹仿，但却并非没有价值。试想一下，如果中国书法只有唐书的理性和法度而没有宋书的感性和自然，那将是一件多么遗憾的事情。也正是从这一意义上讲，在中国审美文化的历史上，我们不能没有欧、褚、颜、柳，我们也不能没有苏、黄、米、蔡。

〔1〕 霍然《宋代美学思潮》第 192 页，长春出版社，1997 年版。

3

「冰肌玉骨，自清凉无汗，水殿风来暗香满」

雕塑、陶瓷

　　晚唐五代以来，中原地区战乱频繁，加之武宗、后周大事灭佛，使得以佛像为主的雕塑艺术陷于低谷。与此同时，江南的吴越国王却大兴佛法，以杭州为中心建造了不少伽蓝、经幢，在烟霞洞、石屋洞、慈云岭等处开凿摩崖佛龛，并建造了1 000躯天冠菩萨和大量的金涂宝箧印塔，被称为当时的"佛国"。而西南地区

的前、后蜀国也遥相呼应，寺院造像继晚唐之
余势不断发展，在广元、乐至、资中，以及大
足北山等处开凿佛龛，保留并发展着雕塑艺术。
从佛教派别来看，由于南方原为禅宗的根据地，
此一大众化的佛学思潮在当时的兴盛也必然影
响着造像艺术的题材与趣味：原来以佛像为主
的彼岸崇拜渐渐夹杂了观音、地藏、罗汉、师
祖等比较具有"现世得福"意义的新的内容，
原来庄严、肃穆的氛围也渐渐让位于清新、优
美的格调。经过这一历史转换，进入宋代以后，
雕塑艺术的总体风格便与唐代有了很大的不同，
并以其世俗化的题材和精致化的手法而攀上了
中国雕塑史上的另一座高峰。

从佛陀音容到世俗情态　北宋自太祖建国之初，便改变了后周的灭佛政策，重修寺院，复度僧尼，并派遣157位僧侣去印度取经求法。太祖之后，除徽宗排佛之外，

其他的北宋皇帝均对佛、道二教持扶植和利用的态度，这自然有利于宗教艺术的发展。

宋代宗教艺术的发展，与唐代的地理分布不同。西北的敦煌虽然在宋初曹氏和后来西夏统治时期均续有造作，但艺术成就却每况愈下；北方各地随着战乱的平息而略有起色，但造像较为分散；南方各地则继五代之后保持旺盛的势头，其中尤以巴蜀地区最为活跃，从而为大足石刻在南宋的崛起进行着准备。

与儒、释、道三足鼎立的唐代不同，宋代的意识形态是以理学为主体的。因此，尽管皇帝扶植和利用佛、道，却并非狂热信仰。与这种实用主义的宗教态度相一致，宋代佛像的塑造也便越来越中国化、世俗化、写实化。

河北正定隆兴寺大悲阁的铜铸金装千手千眼观世音菩萨像，是北宋开宝四年由太祖赵匡胤敕命铸造的。这座高达 22.5 米的金装铜像既显示了北宋初期开张的国势，又显示出与唐代不同的美学趣味。从题材上看，该像不取佛界最高的释迦牟尼，而取曾发愿普度众生的观世音菩萨，并以其千眼来观照人世，以其千手来拯救生灵，因而有了贴近民众的现世色彩。从形式上看，该像不取唐代常有的三屈式姿态，而是挺身直立，减少了印度舞姿式的异国情调，使其更具有民族韵味。从细节上看，佛像的手臂以及身上的璎珞均精美细致，具有很强的装饰效果和艺术价值。

如果说河北正定隆兴寺的千手千眼菩萨是北宋铜像的代表，那么四川**大足北山的数珠手菩萨**（011）则是北宋石刻的典范。关于大足北山125号龛的造像年代，尚无确切的证据，大致应为北宋晚期的作品。从造像的形态来看，宋初的铜佛挺拔、饱满、高大、傲然，尚有唐代威严之余势；而此间的石像则纤弱、细腻、婀娜、亲切，更具有宋代人间的温情。该像头戴花冠，发丝垂肩，袒胸露臂，肘悬飘带，右手持珠，左手扼腕，俯首含颦，体态窈窕，其婀娜多姿的身影在椭圆形的背光石壁上呼之欲出，颇有几分人间少女的天真和腼腆，故被称为"媚态观音"。我们知道，唐代以前的佛像均有一种居高临下的"神"的属性，而宋代以后的佛像则多了几分亲切生动的"人"的色彩；

011　大足北山125
窟数珠手菩萨

　　唐代以前的佛像多有一种"男性"的阳刚之气，
而宋代以后的佛像则常有一种"女性"的阴柔
之韵；唐代以前的佛像较多地吸收了印度艺术
"重形"的技法，而宋代以后的雕塑则更加注重
中国传统的"线条"功能。所有这一切，都可
以在这尊"媚态观音"中见出。
　　随着世俗化倾向的发展，供养人的塑像也越

来越具有重要的地位。在早期的佛教石窟中，供养人的画像和雕塑一般都很小，且置于极不显眼的位置，以见出"人"与"神"的差别。进入唐代以后，开始出现了一些变化，如开元、天宝年间晋昌郡太守和他的夫人王氏的阖家供养像，以及晚唐张议潮夫妇出行图等，已开始有了独立的审美价值。到了宋代，供养人的地位随着世俗化的发展而进一步提高，无论是在形体的规模上，还是在创作的技法上，都已不再是简单的陪衬，而几欲同主尊佛像相媲美了。对此，我们可以从**麦积山第 165 号窟的观音菩萨像**（012）和**供养人像**（013）的比较中看出：从形体上看，前者高 2.46 米，后者高 2.16 米，相差无几；从位置上看，前者位于左壁，后者位于正壁，反而更加突出；从容貌上看，二者均为柳叶眉、丹凤眼、樱桃小口、鸭蛋脸，体态婀娜而动人，神情安详而温婉，体现了宋代妇女的审美理想；从技法上看，二者比例协调、线条流畅、做工细致，更看不出有任何重"神"而轻"人"的倾向。除了头饰的不同之外，二者的区别就只剩下一个闭目、一个凝眸了，将她们放在一起，实在可以说是珠

012 麦积山 165 窟左壁观音

013 麦积山 165 窟右侧供养人像

联璧合、相映生辉了。

在雕塑艺术上，世俗化的倾向还表现在性格的多样化上。我们知道，神是尊贵的、完美的，同时也是没有性格差异的；只有人才具有喜怒哀乐，也只有人才具有多样化的性格。这一点，我们可以在山东长清灵岩寺千佛殿尚存的40尊北宋彩塑中看出。这些塑像均为师祖、罗汉和高僧的坐像，其中似有面壁九年的禅宗初祖菩提达摩和断臂求法的禅宗二祖慧可等像。与以往程式化的塑像方式不同，作者抓住了这些对象由"人"而"神"的双重本质，既表现了其各自不同的形貌、体态、性格、气质，又表现了其超凡脱俗的共同特征，因而被梁启超誉为"海内第一名塑"。

如果说山东灵岩寺的彩塑已有了凡人的品质，那么山西晋祠的彩塑本来就是凡人。与佛殿造像不同，祠庙造像多为纪念历史人物而设，因而具有更为浓郁的世俗色彩。晋祠是祭祀西周初期唐叔虞的祠堂。唐叔虞为周武王之子，成王之弟。成王封其为诸侯，始有晋国。圣母殿位于晋祠西端，创建于北宋天圣年间，是为祭祀周武王后、唐叔虞之母所建。殿内尚存43尊彩绘塑像，除圣母像两侧小像是后补者外，其余均为北宋元祐二年的真品，比灵岩寺的彩塑年代略晚。这批塑像既吸收了佛教造像的艺术传统，又不落其宗教的轨仪。主尊圣母凤冠霞帔，双腿盘坐，慈眉善目，神态安详，很像是一位德高望重的老太太。在她的周围，有宦官，有侍从，更多的则是姿态各异的**侍女**（彩图6）。她们或着长衫，或短衣长裙，或梳堆云髻，或梳双螺髻，手中各持一物：有的供奉文墨，有的供奉饮食，有的侍奉起居，有的洒扫、梳妆，有的奏乐、舞蹈，动作不同，表情各异，而整体格调又都能体现宋代妇女贤淑、静谧、优雅的气质，从而与衣着华丽、体态丰腴的唐代侍女形成了鲜明的对比。不难看出，这里的塑像已不再、也不可能重现西周时代的生活场景，而简直就是宋代社会的直接体现。至此，在宗教领域中徘徊了多年的雕塑艺术，也真正回到了现实生活之中。

从"有情节的内容"到"有意味的形式"

从一定意义上讲，北宋的雕塑与绘画相一致，都有着某种生活化、世俗化、精致化的美学倾向；而北宋的陶瓷则与书法相一致，都有着某种超凡脱俗、传神尚意的美学特征。这种对应关系的形成，似乎与前两者更偏重具体的艺术内容，而后两者更偏重抽象的艺术形式有关。

宋代的陶瓷，不仅是当时一切工艺美术制品中最为杰出的典范，而且是中国陶瓷艺术史上难以逾越的高峰。

首先，在生产的规模上，宋代的陶瓷较之以往任何时代都有了长足的发展。除了河北的定窑、河南的汝窑、汴京的官窑、南方的哥窑、河南的钧窑五大名窑外，还有河北的磁州窑、陕西的耀州窑、河南的登封窑、山西的介休窑、山东的淄博窑、江西的景德镇窑、浙江的越窑、福建的建窑、广东的潮州窑、广西的藤县窑、湖南的衡山窑、成都的琉璃场窑等。考古学家迄今已经发现的古代窑址分布于19个省、市、自治区的近二百个县，这其中宋窑占据了总数的80%左右，可见其盛况空前。在这些宋窑之中，有专供宫廷使用的官窑，也有面对商品市场的民间瓷窑。当时陶瓷制作的生活用品，几乎代替了金属、漆器等制品的全部功能。

其次，在制作工艺上，不少瓷窑都有其独

特的材料和技法。在釉色方面，除了前代已有的青、白、黑之外，又增添了彩瓷和花釉瓷。在装饰方面，除了传统的刻花、印花之外，还发明或改进了划花、绣花、画花、堆贴、镶嵌等新的技法。

最后，在审美趣味上，如果说唐代的工匠以质地粗糙但却色泽艳丽的低温彩釉来表现其粗犷豪放的时代风尚，那么宋代的艺人则以质地细腻而色泽淡雅的高温瓷器来抒发那飘逸委婉的审美趣味。如果说唐代陶瓷的造型很容易使人们联想起袒胸露臂、体态丰腴的绮罗人物，那么宋代陶瓷的造型则很容易使人们联想起长颈溜肩、婀娜多姿的晋祠侍女。如果说唐代陶瓷的颜色很容易使人联想起视觉强烈、浓郁艳丽的敦煌壁画，那么宋代陶瓷的颜色则很容易使人联想起计白当黑、清新澹泊的文人山水。并不是说宋代的陶瓷中绝对没有粗壮的器皿，间或有一些丰腰鼓腹者，也要显得古拙而非笨重；并不是说宋代的陶瓷中绝对没有深色的器皿，间或有一些暗红深绿者，也要显得厚重而非浅薄。总之，倘若要用最简单的语言来概括宋代陶瓷之艺术风格的话，其恰切者莫过于一个"雅"字了。为了体会宋代陶瓷的这一审美风格，我们从大量的文物中选择了枕、碗、瓶三种类型的器皿加以说明。

以陶瓷做枕，并不自宋代始，可宋代出土的大量瓷枕却表现出前所未有的审美价值。在纹饰上，这些瓷枕不仅有线条和花卉，而且有动物和人物。这其中，有许多普通民众喜闻乐见的装饰图案。题有"明道元年巧月造青山道人醉笔于沙阳"的"虎纹枕"是北宋仁宗年间磁州窑的产品，该枕为长方形，四面有竹纹、花卉，枕面画一只栩栩如生的斑斓猛虎，仿佛正卧在花草之中。整个构图技法熟练，形象生动，联系到题款中的内容，估计有文人的创作参与其间。今存故宫博物院的"马戏枕"是北宋后期的作品，该枕为八角形，画一身着紧身衣裤的艺人，倒立在奔跑如飞的马背上，将一场扣人心弦的马戏表演惟妙惟肖地呈现在人们的面前。河北省出土的"童子垂钓枕"为椭圆形，枕面画一持竿少年，正在聚精会神地凝视着水面，水面上有三条波纹，平静的河边点缀着几撮野草，整个画面简洁而生

014 定窑"孩儿枕"

动，韵味十足。与此相类似的作品还有很多，像"戏熊枕""蹴球枕"等。这些瓷枕既表现出浓郁的生活气息，又艳而不俗、繁而不乱，具有很高的艺术价值。在器形上，宋代的瓷枕有方形、长方形、多边形、椭圆形、荷叶形、银锭形等，还有更加复杂的人物造型。故宫博物院收藏的定窑**孩儿枕**（014）塑造了一个趴在卧榻上的婴儿天真可爱的形象，并巧妙地利用婴儿背部的曲线作为枕面，实现了艺术性与实用性的结合。而镇江市博物馆收藏的**卧婴枕**（015）更是构思别致，上面为一卷曲的荷叶，正好构成枕面的弧度，下面为一熟睡的婴儿，将荷叶的茎根紧紧握在手

015 卧婴枕

中。该枕不仅做工精致，而且意境深远，其婴儿
的睡态似乎要将人们带入甜美的梦乡，使人不禁
联想起李清照"玉枕纱厨，半夜凉初透"的词
句。将一件简单的卧具塑造得如此出神入化，充
分显示了宋代陶瓷艺术的水准。

作为日常生活中的饮食器皿，盘和碗的造型
应该说是最简单不过的了。但宋代的瓷盘、瓷碗
却同样具有很高的审美价值。今存北宋定窑的**印
花云龙纹盘**（016）圆口阔径，器形介于盘、碗
之间。聪明的窑工将定州的缂丝图案移植到陶瓷
中来，运用质地坚硬的模具在细腻白嫩的盘内印

016 定窑印花云龙纹盘

制云龙花纹，布局严谨，层次分明，再用镶嵌技术沿盘口处包上一层深色的铜圈，显得精美而又大方，是一件上乘的宫廷用品。今存北宋钧窑的**月白釉紫斑莲花式碗**（彩图7）则在造型和色彩上有了新的创意。该碗在圆形的基础上变化为十瓣莲花状，并利用钧窑所特有的氧化金属的呈色技术，在月白色底釉上点缀一些不规则的紫花斑，为器形本身增添了几分姿色，形成了一件造型与装饰完美结合的作品。北宋后期是钧窑的鼎盛阶段，其别出心裁的器型和梦幻般的色彩给人以深刻的印象，民间有所谓"黄金有价钧无价"的说法，可见其弥足珍贵。

其实，最能体现宋瓷艺术的既不是枕，也不是盘和碗，而是瓶。虽然瓷瓶也有盛水、插花等功利用途，但其观赏的成分更重，所以也便更为用心。今存河北定县博物馆的**龙首流净瓶**（彩图8）是北宋早期定窑的产品。瓶为小口，细颈，颈部突出有沿，肩部丰满，肩上有一龙头形流，另有弦纹两道，圆足外撇。从功用的角度上讲，龙头是注水用的，瓶颈的下部便于手握，而瓶颈上方的凸沿也便有了防止滑手的作用。聪明的窑工将这一切实用的装置都变成了审美的细节，使整个器形变化得法、繁而不乱。如果说定窑的"龙首流净瓶"以造型取胜，那么耀州窑的**青瓷牡丹萱草纹瓶**（彩图9）则以刻花见长。这件现存上海博物馆的北宋瓷瓶造型简略，小口、溜肩、颀长，是宋代梅瓶的标准样式。耀州窑的刻花技术在北宋中期臻于完善,而该瓶通体刻花,刀锋刚健有力,线条流畅自然,给人以浮雕般的质感。人工的雕刻固然精美,天然的龟裂也同样好看。今存宋代的"哥窑贯耳瓶",就是利用釉面本身的裂纹而制造出一种奇特的装饰效果。哥窑的裂纹,是由于釉和胎的收缩率不同而在冷却过程中出现的,最先原是烧制过程中的一种缺陷,但渐渐被人们掌握并加以利用,以制造出一种巧夺天工的特殊效果。现存于首都博物馆的"玉壶春瓶"被视为汝窑的珍品。明代文人将汝窑评为宋代五大名窑之首,因其为宫廷烧制青瓷的时间很短,只在北宋哲宗元祐至徽宗崇宁的20年间,南宋时即已有了"近尤难得"的记录,传世者多为仿造。无论这只瓷瓶是否为汝窑的真品,但毫无疑问是一件精美的杰作。且不说那青绿之间的色彩,也不论那温润如玉的光泽,单就其简洁优美的造型,就足以令人怦然心动了。此瓶长颈、削肩、鼓腹,简单得不能再简单了。但是,其颈部渐侈的瓶口与肩部渐阔的瓶身形成了一种恰到好处的相反弧度,就像婀娜多姿的美人一样,"增之一分则太长,减之一分则太短”了。这真是一种“有意味的形式”，它让人产生出一种妙不可言的快感，观赏不止，回味无穷，其审美的特征与苏、黄、米、蔡那“尚意”的书法作品何其相似乃尔！

总的来说，宋代的陶瓷以北宋产品最多，成就也最大；南宋期间虽然也不乏精品传世，但终因偏安一隅而相对萎缩。在此期间，辽、金两国也在一定程度上汲取了宋人的陶瓷艺术，并有所创获，但在审美文化的历史上不过是支流罢了。

4

『忍把浮名，换了浅斟低唱』

诗词、散文

　　无论就作品的数量而言，还是就作者的水平而论，诗在宋代文学史上仍然属于大宗。现已知名的宋诗作者逾万人，其作品数量甚至超过《全唐诗》的四五倍。但是，一则是由于前朝的唐诗已达到空前绝后的高峰，二来是由于本朝的宋词亦臻于灿烂夺目的境界，相比之下，宋诗的成就便显得黯然失色了。由于宋诗已无法代表这个时代的最高成就，因而在审美文化的历史上，也便占据不了太多的篇幅了。

从"西昆体"到"江西派"

其实，宋代诗人的创新意识，绝不亚于唐人。入宋伊始，先有徐铉、王禹偁效仿白居易、元稹的浅切诗风，力求从平易处入手，有所开拓；又有惠崇、魏野、林逋等踵武贾岛、姚合的隐逸诗派，力求从苦吟处入手，有所创新。但是，一则是由于上述两派在唐代已经发展得淋漓尽致，没有了宋人的开拓空间；再则是由于上述两派的文化背景在宋代已不复存在，兴起的理学既不局限于儒家传统的外在事功，也不迷恋于佛道精神的隐逸高蹈。于是，这样的努力便成为昙花一现、过眼云烟了。到了真宗时代，以杨亿、刘筠、钱惟演为首的一大批馆阁诗人，以效法李商隐的隐晦诗风入手，在典实密丽、格调深婉处下功夫，以编辑《西昆酬唱集》而得名为"西昆体"。尽管此派诗风有着形式主义和宫廷文化的色彩,但其"研味前作,挹其芳润"的特点却开了宋人"以文字为诗,以才学为诗,以议论为诗"(严羽《沧浪诗话》)的先河,因而影响甚广,"时人争效之,诗体一变"(欧阳修《六一诗话》)。

说到"诗体",宋人与唐人确有不同。"假如说,唐诗是一个深情酝染的世界,那么宋诗是一个思虑精微的宇宙。在这个宇宙中,宋人忘象得意,以意索理,冷静地对外在物象展开概念化思考,进而从凝思中省悟到人生和宇宙的底蕴。'知性反省'和'即物求理'的精神,使宋诗必然酿塑出与唐诗不同的风格。唐诗极外物之意态,宋诗则外示枯槁,无风云月露之点染;唐诗由物象自然演出,宋诗则力涉理路;唐诗是图像的、音乐的,宋诗则是语言的。"[1]其实,宋诗并非篇篇言理,也并非处处"展开概念化思考",风云月露、兴象浑融的诗篇并不少见。但是,若将宋诗与唐诗加以比较,若以宋诗总体的风格而论,上面的概括还是很有道理的。与唐代不同,宋代不是一个自由开放、情感四溢的时代，而是一个封闭保守、情感内敛的时代。与儒、释、道三足鼎立的多元意识形态格局不同，宋代以理学为主，以禅宗为盛。"这两种学说虽宗旨不同，但都是指向人生而哲理性很强的。诗人把这两种内容引到诗中来，写得不好，往往变成押韵的语录或禅学讲义；但运用得当，也会得到一番自然悠远、理趣盎然的风味。"[2]于是，宋诗崇理而不尚情的优点和缺点便尽在其中了。

沿着这条路线，继"西昆体"之后，不少诗人虽能够克服形式主义和宫廷文化的色彩，但却无法尽脱注重才学、崇尚理路的特征。在这一方面，当首推"去浮靡之习，超然于昆体极弊之际；存古淡之道，卓然于诸大家未起之先"（龚啸《宛陵先生集·附录》）的梅尧臣和苏舜钦。梅尧臣认为："诗家虽率意，而造语亦难。若意新语工，得前人所未道者，斯为善也。必能状难写之景，如在目前，含不尽之意，见于言外，然后为至矣。"（欧阳修《六一诗话》引）上述寥寥数语，可分为三个层次：首先，肯定了"诗家主意"的理论前提；其次，并不是所有的"意"都可以入诗的，要"意新语工"、不落俗套，这是对"意"本身的要求；最后，有了合适的"意"，并不是可以直接陈述的，要"含不尽之意，见于言外"，使"意"融解到诗境之中，以产生一种绵厚悠长的韵味，这是对"意"之表现形态的要求。而所有这一切，正是宋诗努力的方向。

> 适与野情惬，千山高复低。好峰随处改，幽径独行迷。霜落熊升树，林空鹿饮溪。人家在何许？云外一声鸡。（梅尧臣《鲁山山行》）

> 春阴垂野草青青，时有幽花一树明。晚泊孤舟古祠下，满川风雨看潮生。（苏舜钦《淮中晚泊犊头》）

初看上去，这两首诗语言清新、形象丰满，很像是浑然天成的唐诗。但细读下来，便可以发现，这些自然的景致和丰满的形象都是经过悉心琢磨和缜密安排的，都是为显示新颖的意趣而精心构造的。前一首对好峰幽径、熊形鹿态的一系列描绘，在表达逸情野趣的同时也在暗暗地为最后一句作准备，从而以代表人间烟火的"云外一声鸡"与前面的意象之间形成足够的张力，在张力中产生新颖的意趣；后一首对野草、幽花、孤舟、古祠的一系列描绘也不仅仅是为了酝酿一种阴柔、衰败的情景，而恰恰是为了反衬最后一句的埋伏，使读者的心情在"满川风雨看潮生"的警句中由低潮陡然转向高潮，对生命获得新的感受和理解。因此可以说，它们已摆脱了唐诗的形态，进入了宋诗的体系。也正因如此，清人叶燮才认为："开宋诗一代之面目者，始于梅尧臣、苏舜钦二人。"（《原诗·外篇》）

与梅尧臣、苏舜钦同时或稍后的欧阳修、王安石、苏轼不仅是大文学家，而且是大学问家、大政治家，广博的学识和深厚的阅历为其实现诗体与赋体的结合、典故与意象的结合、抒情与议论的结合创造了条件，从而强化了宋诗的美学特征。

> 春风疑不到天涯，二月山城未见花。残雪压枝犹有橘，冻雷惊笋欲抽芽。夜闻归雁生乡思，病入新年感物华。曾是洛阳花下客，野芳虽晚不须嗟。（欧阳修《戏答元珍》）

②／黄居寀
《山鹧棘雀图》

1 / 张择端
《清明上河图》（局部）

③／范宽
《雪景寒林图》

④／郭熙
《早春图》

5 / 王诜
《渔村小雪图》

6 / 晋祠彩塑侍女

⑦ / 月白釉紫斑莲花式碗

⑧ / 龙首流净瓶

9 / 青瓷牡丹萱草纹瓶

10 / 刘松年
《四景山水之秋》

丰乐山前一醉翁，余龄有几百忧攻。平生自恃心无愧，直道诚知世不容。换骨莫求丹九转，荣名岂在禄千钟。明年今日如寻我，颍水东西问老农。（欧阳修《寄答王仲仪太尉素》）

重将白发傍墙阴，陈迹茫然不可寻。花鸟总知春烂漫，人间独自有伤心。（王安石《重将》）

载酒欲寻江上舟，出门无路水交流。黄昏独倚春风立，看却花飞触地愁。（王安石《载酒》）

人生到处知何似？应似飞鸿踏雪泥。泥上偶然留指爪，鸿飞那复计东西。老僧已死成新塔，坏壁无由见旧题。往日崎岖还记否？路长人困蹇驴嘶。（苏轼《和子由渑池怀旧》）

东风未肯入东门，走马还寻去岁村。人似秋鸿来有信，事如春梦了无痕。江城白酒三杯酽，野老苍颜一笑温。已约年年为此会，故人不用赋招魂。（苏轼《正月二十日与潘、郭二生出郊寻春，忽记去年是日同至女王城作诗，乃和前韵》）

在结构上，唐诗多用并列的意象、跳跃的句式，形成起承转合的节奏；而这里的宋诗则常常以散文的笔法、赋体的句式，进行连贯而又流动的铺陈。在语言上，唐诗多用凝练的词句、书面的语汇，制造强烈生动的效果；而这里的宋诗则常常以寻常的词句、松散的口语，造成亲切自然的印象。在艺术追求上，唐诗多用主客统一、情景交融的手段，获得浑然一体的境界；而这里的宋诗则常常寓理于情，甚至发表议论，以达到耐人寻味的目的。相比之下，或许唐诗更加符合形象思维的艺术规律，而这里的宋诗也自有其新颖独到的美学效果。无论是"平生自恃心无愧"的表白，还是"病入新年感物华"的感慨；无论是"人间独自有伤心"的断语，还是"看却花飞触地愁"的忧思；无论是"泥上偶然留指爪"的领悟，还是"故人不用赋招魂"的旷达，都与整个诗境互为表里，给人以"状难写之景，如在目前；含不尽之意，见于言外"的审美享受。

　　真正将宋人"以文字为诗，以才学为诗，以议论为诗"的特点发展到极端的，还要数北宋后期的"江西诗派"。该派的代表人物黄庭坚曾游学于苏轼门下，与晁补之、秦观、张耒同被称为"苏门四学士"。然而就艺术成就论，黄庭坚不仅在书法实践上能够与苏轼相比肩，同为"宋代四大家"；而且在诗歌创作上也足以同苏轼相媲美，并称"苏黄"。他所开创的"江西诗派"鲜明地体现了宋代诗歌的美学特色，对当时和后代诗人产生了广泛而深远的影响。

> 我居北海君南海，寄雁传书谢不能。桃李春风一杯酒，江湖夜雨十年灯。持家但有立四壁，治病不蕲三折肱。想到读书头已白，隔溪猿哭瘴烟藤。(《寄黄几复》)
>
> 半世交亲随流水，几人图画入凌烟？春风春雨花经眼，江北江南水泊天。欲解铜章行问道，定知石友许忘年。脊令各有思归恨，日月相催雪满颠。(《次元明韵寄子由》)
>
> 痴儿了却公家事，快阁东西倚晚晴。落木千山天远大，澄江一派月分明。朱弦已为佳人绝，青鸟聊因美酒横。万里归船弄长笛，此心吾与白鸥盟。(《登快阁》)

在前人辉煌的艺术成就面前，黄庭坚并没有望而却步，他反对亦步亦趋地步唐人的后尘，甚至对苏轼的诗风也颇有微词。他主张"文章最忌随人后"(《赠谢敞、王博喻》)，"自成一家始逼真"(《题乐毅诗后》)，于是便开始了自立门户、另辟蹊径的艺术努力。首先，他认为艺术创新并不是凭空产生的，需要有深厚的修养和广博的学识，"词意高胜要从学问中来尔"（《论作诗文》），因此比任何前人都更加重视对经典作品的学习、模仿和借鉴，并总结出了"夺胎换骨""点铁成金"等一系列创作经验。所谓"夺胎换骨"，就是从古人的构思中转化出新的意境；所谓"点铁成金"，就是从前人的典故里转化出新的语言。尽管从理论上讲，这种创作倾向有着轻生活之"源"、重艺术之"流"的偏颇和局限，但其在借鉴的基础上实现创新的努力还是取得了一定成就的。从上面列举的三首作品中可以看出，黄庭坚作诗是喜欢用典用事的：第一首用了《左传·僖公四年》中楚子谓齐侯："君处北海，寡人处南海"的句子和《汉书·司马相如传》中"家徒四壁"的典故，以及《左传·定公十三年》"三折肱，知为良医"的故事；第二首用了唐朝李世民救命阎立本绘功臣像于凌烟阁之上的典故和《诗经·小雅》中"脊令在原，兄弟急难"的语言；第三首用了《晋书·傅咸传》中杨济与傅咸书曰："生子痴，了官事，官事未易了也"的句子和《吕氏春秋·本味》中有关"钟子期死，伯牙破琴绝弦"的故事，以及《晋书·阮籍传》中"青眼""白眼"的典故，真可谓"无一字无来处"（黄庭坚《答洪驹父书》）了。但是，由于有了丰厚的学养和高超的技能，使他能够将信手拈来的典故安排得妥帖自然，完全符合着主体意境的表达，并无生拼硬凑之感，可说是"以才学为诗"的典范。

其次，黄庭坚既继承了唐代诗人腾挪跳跃的节奏，又掌握了本朝前辈清新自然的语言，并将二者有机地结合在一起，形成了一种看似直白、实则凝练的文字技巧，在句子的安排上富有张力。如上述第一首中的"桃李春风一杯酒，江湖夜雨十年灯"，第二首中的"春风春雨花经眼，江北江南水泊天"，第三首中的"落木千山天远大，澄江一派月分明"，都是用朴实如话的语言来表达一种苍老练达的境界，很像其纵横奇崛、波澜老成的书法。方东树云："山谷之妙，起无端，接无端，大笔如椽，转折如龙虎，扫弃一切，独提精要之语，每每承接处，中亘万里，不相联属，非寻常意计所及。"(《昭昧詹言》)可说是"以文字为诗"的典范。

最后，同其他宋代诗人一样，黄庭坚的诗歌也以理趣为尚，希望通过作品来表达某种形而上的理念。但是，他又注意到艺术自身的审美规律，避免直接地议论和抽象地说教，而是寓深邃的哲理于鲜明的意象之中。如在上述三首诗中，他都能借助于几个并列的意象，将身世之感、亲友之情、乡愁之苦、老大之恨等复杂的人生情感串联起来，在人与人、人与历史、人与自然中来把握瞬间与永恒的关系，不仅给人以强烈的审美感受，而且发人深省、耐人寻味，真正达到了"更出新意，一洗唐调"的地步，可说是以"议论为诗"的典范。

然而，事物走向极端，总要向其相反的方向转变。"文字""才学""议论"或许有助于宋朝诗人彰明自己独特的时代个性，但这些毕竟不是艺术本身真正需要追求的东西。如果说黄庭坚本人在上述努力中是得大于失的话，那么继之而起的"江西诗派"则因日渐背离审美

规律而显得失大于得了。北宋末年，吕本中作
《江西诗宗派图》，自黄庭坚以下，列陈师道等
25 位具有共同追求的诗人为"江西诗派"。其
实此派诗人有一多半不是江西人，且并无严格
的宗派色彩，但他们崇黄、尚理的倾向确是一
致的。他们之所以成为宋代文学史上最大的诗
歌派别，显然与理学家"观物""言志""明
理""炼辞"的思想有着密切的联系。"夫所以
谓之观物者，非以目观之也，非观之以目而观
之以心也，非观之以心而观之以理也。"（邵
雍《皇极经世全书解·观物篇内篇十二》）"何
故谓之诗？诗者言其志。既用言成章，遂道
心中事。不止炼其辞，抑亦炼其意。炼辞得奇
句，炼意得余味。"（邵雍《伊川击壤集》卷
十一《论诗吟》）正是从炼辞、炼意的目的出
发，诗人才将大量的精力投注到书本和理趣上
来，形成了有别于唐人的一代诗风。然而，诗
歌毕竟不是哲学，书本和理趣也代替不了审美
的全部功能。于是，严羽《沧浪诗话》中的下
面一段文字，既是对"书""理""诗"之关系
的辩证分析，也是对唐诗和宋诗之差别的恰切

的评判了：

> 夫诗有别材，非关书也；诗有别趣，非关理也。然非多读书，多穷理，则不能极其至。所谓不涉理路，不落言筌者，上也。诗者，吟咏情性也。盛唐诸人惟在兴趣，羚羊挂角，无迹可求。故其妙处，透彻玲珑，不可凑泊，如空中之音，相中之色，水中之月，镜中之象，言有尽而意无穷。近代诸公乃作奇特解会，遂以文字为诗，以才学为诗，以议论为诗。夫岂不工，终非古人之诗也。盖于一唱三叹之音，有所歉焉。

令人欣慰的是，宋诗所歉，宋词所补。于是在唐诗的高峰之后，又有了宋词的绝顶。

"词之为体，要眇宜修"

宋词之所以不像宋诗那样受到理学的沾染，在很大程度上恰恰是由于其不受重视所致。我们知道，词这种来自民间的文学形式，在唐代便被士大夫视为"诗余""艳科"，是一种不登大雅之堂的雕虫小技。入宋以后，虽然词的地位有所提高，染指此艺的文人渐渐多了起来，但也主要是抒发个体的私人情感，而很难正襟危坐，以此来言志、明理。这是词的不幸，也是词的万幸。正是这种并非正统的文学形式，使得那些在理学控制之下的宋代文人有了一块宣泄内心情感、展示艺术才华的风水宝地。在这里，人们用不着以忠臣良相自居，也用不着端着理学家的架子，更不必将自己变成两脚书柜，在创作中卖弄才学和典故；在这里，人们既可以击节欢歌，又可以掩面哭泣，还可以不失时机地放纵一下自己。当艺术家有了充分的创作自由之后，还愁没有才华和灵感吗？

除了上述原因之外，词在宋代的崛起，也符合着诗歌体裁演变发展的自身规律。从形式的角度来看，继原始的二言诗之后，中国诗歌最早的定式为四言，这种在《诗经》中最常见到的句式由两个双字音节组成，节奏极为简单。如《关雎》："关关 // 雎鸠，在河 // 之洲。窈窕 // 淑女，君子 // 好逑。"《楚辞》的出现，打破了四言的格局，以六言为主，并杂之以五言和七言，可谓是一大创举。但是，由于六言较之四言只多了一个双字音节，并无实质上的变化，因而未能得到发扬和光大，倒是并非主体的五言和七言被后人继承了下来，成为新的定式。与四言相比，五言虽然仅仅多了一个字，但却导致了单字音节和双字音节的交替变化，其意义是极为重大的。如"红豆 // 生 / 南国，春来 // 发 / 几枝。愿君 // 多 / 采撷，此物 // 最 / 相思。"（王维《相思》）读之起伏婉转，长短相宜。同六言之于四言一样，七言之于五言也只有量的扩充而没有质的飞跃。五言、七言之所以在相当长的时间里占据了中国诗歌的主导地位，除了单字音节和双字音节交互使用而产生的节奏变化外，还得力于近体诗对平仄、对偶的自觉运用，尤其是平仄的参差互用，充分显示了汉语发音声调上的优势，真正达到了优美动听的地步。很难想象，如果没有律诗和绝句的出现，唐代诗人能够取得如此辉煌的成就。但是，尽管五言、七言已经发展到了尽善尽美的程度，可长期地重复使用却难免显得单调呆板。于是，继五言之后的又一次变革和飞跃出现了，这便是词。词的出现，既继承了近体诗对平仄的自觉搭配，保持了音律的和谐；又打破了五言、七言整齐划一的句式，实现了节奏的多样变化。从标志词之音乐——文字格式的词调来看，从最初的几个、几十个，发展到清代万树撰《词律》中所收集的 660 个、王奕清等编纂《钦定词谱》中所收集的 826 个，从少则十余字、二三十字的小令，到多达二百余字的长调，其种类之繁多、变化之多样，是以往任何时代的诗歌形式所无法比拟的。当然了，这种变化多端的词调也会给创作带来很大的难度，由于它不像近体诗歌那样只有几种固定类型的平仄搭配，而多得无法记忆，所以词不能"赋"，只能"填"，即依照词调的格式逐字逐句地进行创作，这也正是严格的"宋词"后来被相对灵活的"元曲"所取代的原因之一。然而，无论如何，在中国诗歌的发展历史上，词在宋代的崛起，不仅是必然的，而且是必要的。它以更加自觉、更加完美、更加多样化的形式打破了五、七言诗歌一统天下的局面，进入了一个优美而动人的艺术世界。

形式的更新自然会带来艺术表现能力的变化，王国维指出："词之为体，要眇宜修，能言诗之所不能言，而不能尽言诗之所能言。诗之境阔，词之言长。"（《人间词话》）李泽厚认为："诗常一句一意或一境。整首含义阔大，形象众多；词则常一首（或一阕）才一意或一境，形象细腻，含意微妙，它经常是通过对一般的、日常的、普通的自然景象（不是盛唐那种气象万千的景色事物）的白描来表现，从而也就使所描绘的对象、事物、情节更为具体、细致、新巧，并涂有更浓厚更细腻的主观感情色调，不同于较为笼统、浑厚、宽大的'诗境'。"〔3〕这种由客体走向主体、由外物走向内心、由宏观走向微观的艺术变化，恰恰适应了由唐人变为宋人的审美趣味。换言之，追求外在信仰和事功的唐人不可能在细腻婉转的词作上下大功夫，而注重日常生活和内心修炼的宋人也不可能在铿锵有力的诗作上有大作为。这才是唐诗最终被宋词取代的深层原因。

俚俗·豪放·婉约

虽然在晚唐五代已有温庭筠、冯延巳、李煜等少数文人以词名世，但那毕竟不具有普遍意义。进入宋代以后，不仅绝大部分文人都或多或少地从事这一创作，而且不少作家将词作为其主要的创作形式，出现了像柳永、晏殊、张先、晏幾道、秦观、贺铸、周邦彦、李清照、辛弃疾、姜夔、吴文英等一大批著名的词人，仅唐圭璋《全宋词》所辑录的宋词作者就有一千三百余人，遍及社会各个阶层。《全宋词》收录作品两万余首，风格多样，诸体皆备。

北宋时期，名家辈出，如晏殊之温润含蓄、欧阳修之飘逸隽永、晏幾道之细腻婉转、秦观之凄清动人、周邦彦之典丽考究，可谓各有千秋。这其中最有创造性和代表性的词人，当属柳永、苏轼、李清照，他们分别处在北宋的前期、中期、晚期，又分别代表了俚俗、豪放、婉约三种不同的风格。

作为从民间产生的艺术形式，词的创作本不乏俚俗的色彩。但是，随着文人士大夫的介入，是保留民间的俚俗色彩，还是自觉地将其

雅化，便成为宋初词苑中的一大难题。在这一
问题上，晏殊和柳永可谓是两种不同类型的代
表人物。晏殊一生官运亨通，直至做到宰相的
位置。他的作品尽量摆脱民间词曲的俚俗色彩，
以精工典雅的形式来反映统治集团的闲情逸致，
因符合那个时代的审美情趣而成为宋初词苑中
的典范：

> 青杏园林煮酒香。佳人初试薄罗裳。柳丝无力燕飞
> 忙。　乍雨乍晴花自落，闲愁闲闷日偏长。为谁消瘦减
> 容光。（《浣溪沙》）

> 一曲新词酒一杯。去年天气旧亭台。夕阳西下几时
> 回？　无可奈何花落去，似曾相识燕归来。小园香径独
> 徘徊。（《浣溪沙》）

与晏殊不同，从个性上看，才华横溢而又
放荡不羁的柳永不像是宋代的臣民，倒像是唐
朝的浪子。他虽然出身于仕宦之家，但除了读
书作文之外，却常常出入于歌楼妓馆、留连于
市井街头。在与民间歌女、教坊乐工的接触中，
柳永渐渐掌握了词曲创作的音律技巧，也渐渐
接近了词曲创作的民间源头。其作品中的男女

人物，不是供统治者消愁解闷的工具和玩偶，而是与自己朝夕相处的血肉之躯。情感上的接近，语言上的接近，使柳永的不少作品带有明显的俚俗特征。所谓"俗"是指艺术内容的生活化，所谓"俚"是指艺术语言的口头化。而柳永的词作，就像北宋早期的民俗画一样：一方面"市列珠玑"，展示都市生活的繁华景象；一方面"浅吟低唱"，申述秦楼楚馆的情感悲欢。因而有了《望海潮》《定风波》之类极有特色的作品：

> 东南形胜，三吴都会，钱塘自古繁华。烟柳画桥，风帘翠幕，参差十万人家。云树绕堤沙，怒涛卷霜雪，天堑无涯。市列珠玑，户盈罗绮竞豪奢。 重湖叠巘清嘉，有三秋桂子，十里荷花。羌管弄晴，菱歌泛夜，嬉嬉钓叟莲娃。千骑拥高牙，乘醉听箫鼓，吟赏烟霞。异日图将好景，归去凤池夸。(《望海潮》)

> 自春来、惨绿愁红，芳心是事可可。日上花梢，莺穿柳带，犹压香衾卧。暖酥消，腻云亸，终日厌厌倦梳裹。无那！恨薄情一去，音书无个。 早知恁么，悔当初、不把雕鞍锁。向鸡窗、只与蛮笺象管，拘束教吟课。

镇相随，莫抛躲。针线闲拈伴伊坐。和我。免使年少，光阴虚过。(《定风波》)

与同时代的文人词曲相比，前者在题材上开拓了新的空间，后者在语言上增添了新的词汇，因而是有贡献的。但是，柳永毕竟不是生活在唐代的知识分子，他那放荡不羁的举止和俚俗不驯的言辞很难被一个理学盛行的时代所接受。这也便注定了他先是屡试不中，后是登科后迟迟不被任用的坎坷命运。据说，他在一次落第后曾填有一首《鹤冲天》以申述自己的不满："黄金榜上。偶失龙头望。明代暂遗贤，如何向？未遂风云便，争不恣狂荡？何须论得丧，才子词人，自是白衣卿相。　烟花巷陌，依约丹青屏障。幸有意中人，堪寻访。且恁偎红翠，风流事、平生畅。青春都一饷。忍把浮名，换了浅斟低唱。"该词传到宫中，惹得皇帝不悦，待到柳永再次通过考试，"临轩放榜，特落之，曰：'且去浅斟低唱，何要浮名！'"（吴曾《能改斋漫录》卷一六）"有荐其才者，上曰：'得非填词柳三变乎？'曰'然。'上曰：

'且去填词。'由是不得志。"(《苕溪渔隐丛话》后集引《艺苑雌黄》)后来，柳永虽然考中了进士，却长期担任下层官吏，未能按例升迁。"吏部不放改官，三变不能堪，诣政府。晏公曰：'贤俊作曲子么？'三变曰：'只如相公亦作曲子。'公曰：'殊虽作曲子，不曾道针线慵拈伴伊坐。'柳遂退。"(张舜民《画墁录》)这段对话，充分显示了宋代前期两种词曲观的对立。科举的坎坷、仕途的挫折，并没有使这位浪子回心转意，他索性自称"奉旨填词柳三变"，照样风流倜傥、浅吟低唱。

《乐章集》存柳永词212首，除了城市题材的扩展和民间语言的增添之外，尚有以下多重贡献：首先，在体裁上，由于柳永精通音律，因而除沿用原有的词调之外，还自创了许多新调，尤其是增衍制作了一些慢词长调，大大拓展了词体的表现空间。若以62字为小令和慢词的分界线，柳词中的小令只有二十余首，慢词则多达一百八十余首，这与以往及同时代的词人多作小令、少填慢词的做法形成了鲜明的对比。其次，在结构上，柳永不仅广泛使用并推广了慢词长调，而且确立了其"前半泛写，后半专叙"的基本模式。我们知道，为了适应音乐的重复与变化，慢词长调一般分上下两阕。为了使音乐的形式与文学的内容巧妙地吻合起来，柳永多采用上阕渲染背景、下阕抒发感情的结构，使情感的升华与深入同音乐的回旋与往复两相衬映、同步进行，产生最佳的艺术效果。最后，在技巧上，柳永更是开阖得法、张弛有度、情景交融、声情并茂。兹以一首《雨霖铃》为例：

> 寒蝉凄切，对长亭晚，骤雨初歇。都门帐饮无绪，留恋处、兰舟催发。执手相看泪眼，竟无语凝咽。念去去、千里烟波，暮霭沉沉楚天阔。　多情自古伤离别，更那堪、冷落清秋节。今宵酒醒何处？杨柳岸、晓风残月。此去经年，应是良辰好景虚设。便纵有、千种风情，更与何人说！

要在这 102 字的篇幅内处理好开与阖、张与弛、情与景、声与情的辩证关系，殊非易事，如果没有高超的创作技巧，难免会陷入顾此失彼的尴尬境地：或放得开而收不拢，或顾了情感而忘了景致，或是节奏单一而缺少变化，再不然就是注意到了声律却又遗失了情感。在这里，"念去去、千里烟波，暮霭沉沉楚天阔"是"开"，"杨柳岸、晓风残月"是"阖"；"都门帐饮无绪，留恋处、兰舟催发"是"张"，"此去经年，应是良辰好景虚设"是"弛"；"多情自古伤离别"是"情"，"更那堪、冷落清秋节"是"景"；"竟无语凝咽"是"声"，"执手相看泪眼"是"情"。总之，词人仿佛不是在这种限字、限韵、限平仄的文学形式中逐字逐句地填写，而是随口而出、一气呵成，将一段依依惜别的人间情感淋漓尽致地展现在读者面前，缠绵悱恻、真挚动人，该有的全有了。正是由于人间冷暖的深切体验和艺术经验的高度积累，使得柳永的作品虽得不到皇帝的赏识、贵族的认同，但却得到广大民众的欣赏和喜爱，以至于到了"凡有井水饮处，即能歌柳词"（叶梦得《避暑录话》）的地步。

然而，尽管柳永在北宋前期的词苑中取得了杰出的成就，但并没能从根本上扭转当时的词风。由于绝大多数的封建文人在生活方式和情感方式上更接近晏殊而非柳永，所以他们的创作风格也与前者更为近似：

> 《水调》数声持酒听，午醉醒来愁未醒。送春春去几时回？临晚镜，伤流景，往事后期空记省。　沙上并禽池上暝，云破月来花弄影。重重帘幕密遮灯，风不定，人初静，明日落红应满径。（张先《天仙子》）
>
> 庭院深深深几许，杨柳堆烟，帘幕无重数。玉勒雕鞍游冶处，楼高不见章台路。　雨横风狂三月暮，门掩黄昏，无计留春住。泪眼问花花不语，乱红飞过秋千去。（欧阳修《蝶恋花》）

这些吟咏闲愁、抒写逸致的作品在艺术上可谓精致典雅、玲珑剔透，但题材毕竟狭窄、气力终究孱弱，间或有几分潇洒磊落，也总要笼罩在婉约含蓄的风格之下，显得阴柔有余而阳刚不足了。这种状况直到北宋中期苏轼的出现，才真正有了改观。

如果我们把柳永以俚俗对抗典雅的努力看作是宋代词苑中的第一次冲击波，那么苏轼以豪放对抗婉约的努力可谓是第二次冲击波。我们知道，无论是在书法领域，还是在绘画领域，苏轼都是一个极具开拓意识的艺术家。正如他用大刀阔斧的写意笔法来改造严谨精致的书画实践一样，他以慷慨悲歌的豪迈气概冲击着婉约含蓄的词曲创作。在题材上，与"诗言志"的文学传统不同，由于词曲创作最初与秦楼楚馆的娱乐活动有着密切的联系，因而一向被视为"艳科"，写来写去，总转不出花前月下、儿女情长的风流韵事，间或有范仲淹的《渔家傲》、柳永的《望海潮》、王安石的《桂枝香》等少量作品有些许的突破，终未能从根本上改变这一局面。只有到了苏轼这里，才以"无意不可入，无事不可言"（刘熙载《艺概》）的勇气，打破了诗与词在题材上的界限。今存苏轼词三百余首，举凡恋情、友谊、宴饮、送别、怀古、伤今、咏物、言志、悼亡、贺寿、抒怀、嘲讽等等，无不可以入词。也就是说，凡是过去诗歌创作中所涉及的人生领域，统统可以纳入词曲的创作，这便大大开拓了词的艺术空间。

　　老夫聊发少年狂，左牵黄，右擎苍，锦帽貂裘，千骑卷平岗。为报倾城随太守，亲射虎，看孙郎。　　酒酣

胸胆尚开张，鬓微霜，又何妨。持节云中，何日遣冯唐？会挽雕弓如满月，西北望，射天狼。(《江城子·密州出猎》)

大江东去，浪淘尽，千古风流人物。故垒西边，人道是，三国周郎赤壁。乱石穿空，惊涛拍岸，卷起千堆雪。江山如画，一时多少豪杰！ 遥想公瑾当年，小乔初嫁了，雄姿英发。羽扇纶巾，谈笑间，樯橹灰飞烟灭。故国神游，多情应笑我，早生华发。人生如梦，一樽还酹江月。(《念奴娇·赤壁怀古》)

前一首抒今人之壮志，后一首发古人之忧思，这些原本只在诗文中出现的题材，在词曲中同样表现得淋漓尽致。过去的词，常龟缩到心灵的一隅，暗自咀嚼着难以公开的私人情感；苏轼的词，则置于开放的人文世界，尽情抒发着社会的怀抱。过去的词，多代女性立言，注重感官的享受和微妙的情感；苏轼的词，则敢于袒露自我的胸襟，展现人格的魅力和时代的荣辱。过去的词，只能在亭台楼阁浅吟低唱；苏轼的词，可以在荒郊野外放声高歌。正像刘辰翁指出的那样，"词至东坡，倾荡磊落，如诗如文，如天地奇

观！"（《辛稼轩词序》）

与题材的开拓相联系，在风格上，苏轼一改词曲创作婉约含蓄的遗风，既有阴柔之美，又有阳刚之气。过去，人们似乎将词之言情狭隘地理解为"柔情"；而苏轼使人们看到，除了柔情之外还有一种"豪情"：一种顶天立地的英雄气概，一种环视古今的壮士情怀，一种"左牵黄，右擎苍"的疏野狂放，一种"乱石穿空，惊涛拍岸"的奇情异景。俞文豹《吹剑集》记载："东坡在玉堂，有幕士善讴。因问：'我词比柳词如何？'对曰：'柳郎中词，祗好十七八女孩儿，执红牙拍板，唱"杨柳岸，晓风残月"；学士词，须关西大汉，执铁板，唱"大江东去"。'公为之绝倒。"除了上述作品之外，即使是在抒写人生琐事、感叹悲欢离合的词曲中，苏轼也常能加入几缕特有的旷达和豪气：

> 莫听穿林打叶声，何妨吟啸且徐行。竹杖芒鞋轻胜马。谁怕？一蓑烟雨任平生。 料峭春风吹酒醒，微冷。山头斜照却相迎。回首向来萧瑟处。归去。也无风雨也无晴。（《定风波·三月七日，沙湖道中遇雨。雨具先去，同行皆狼狈，余独不觉。已而遂晴。故作此。》）

明月几时有？把酒问青天。不知天上宫阙，今夕是何年。我欲乘风归去，又恐琼楼玉宇，高处不胜寒。起舞弄清影，何似在人间！　转朱阁，低绮户，照无眠。不应有恨，何事长向别时圆？人有悲欢离合，月有阴晴圆缺，此事古难全。但愿人长久，千里共婵娟！

（《水调歌头·丙辰中秋，欢饮达旦，大醉，作此篇兼怀子由》）

前一首词写途中遇雨的一件小事，虽然只是极为平常的生活细节，却反映出作者在坎坷的命运面前风雨不惧、宠辱不惊的坦荡胸怀。当时的苏轼正遭贬谪，而朝廷上的政治也像晴雨不定的天气一样反复无常。在这种情况下，作者既没有畏惧，也没有躲藏。"一蓑烟雨任平生"，既是一种镇定自若的生活态度，也是一种超凡脱俗的人生理想，它从这件小事中升华开来，给人以生命的启示、哲理的思考。后一首词写苏轼酒后对弟弟的怀念，尽管也是极为寻常的人伦情感，但却没有局限在手足之情的思念之中。作者将"人有悲欢离合"的现实烦恼与"月有阴晴圆缺"的自然现象并列看待，痛苦中有解脱，失望中有旷达。最后在"此事古难全"的遗憾中发出了"但愿人长久，千里共婵娟"的美好祝愿，显示出深厚的人生阅历和博大的人道情怀，是一首响彻寰宇的动人篇章！正如胡仔所说的那样："中秋词自东坡《水调歌头》一出，余词尽废。"

尽管苏轼大大丰富了词曲创作的艺术空间和表现能力，但他也和柳永一样，并没有成为宋词艺术的主流风范。在此之后的晏幾道、秦观、周邦彦虽也或多或少地汲取了苏轼的艺术经验，并在风格和形式上各有创获，但其总体格调仍然细腻含蓄，属于婉约一派：

> 梦后楼台高锁，酒醒帘幕低垂。去年春恨却来时。落花人独立，微雨燕双飞。 记得小苹初见，两重心字罗衣。琵琶弦上说相思。当时明月在，曾照彩云归。（晏幾道《临江仙》）
>
> 纤云弄巧，飞星传恨，银汉迢迢暗度。金风玉露一相逢，便胜却人间无数。 柔情似水，佳期如梦，忍顾鹊桥归路。两情若是久长时，又岂在朝朝暮暮。（秦观《鹊桥仙》）

月皎惊乌栖不定，更漏将残，辘轳牵金井。唤起两眸清炯炯，泪花落枕红绵冷。　执手霜风吹鬓影，去意彷徨，别语愁难听。楼上阑杆横斗柄，露寒人远鸡相应。（周邦彦《蝶恋花》）

　　最后，这股绵延不断的婉约思潮，终于在北宋后期结出了一枚芬芳美丽的艺术硕果，这便是足以同柳永、苏轼相媲美的女词人李清照。李清照一生跨越北南两宋，她不仅是中国古代为数不多的女作家中最优秀的一位，而且在属于男权时代的封建文坛中也堪称大家。在她那篇被后人称为《词论》的文章中，李清照以压倒须眉的气概对本朝以来诸多男性词人逐一进行了点评，既肯定了他们的贡献，又指出了他们的不足，最后得出了词"别是一家"的著名论断。

　　作为一种不同于诗歌创作的抒情文体，所谓词"别是一家"似应包括音律和格调两方面的要求。在音律方面，"诗文分平侧，而歌词分五音，又分五声，又分六律，又分清浊轻重"，有着更为严格的要求，否则便不宜演唱。若按此标准，晏殊、欧阳修、苏轼等人的词作"皆句读不葺之诗尔，又往往不协音律"（李清照《词论》），因而遭到李清照的诟病。在格调方面，词既要将"铺叙""典重""故实"等多种表现方法统一起来，又不能生搬硬套、坦白直露。若以此标准，晏幾道、贺铸、黄庭坚等人虽谙熟词律，却不能将上述手法巧妙地融会贯通，因而像良玉有瑕、美人失态一样，受到李清照的非议。从宋词的发展历程来看，无论是音律的完善，还是格调的成熟，都有着一个发展过程。而李清照本人一方面总结了晏幾道、贺铸、黄庭坚、周邦彦等人在音律上的成就，一方面又汲取了晏殊、欧阳修、秦观等人在格调上的探索，最终形成了自己和谐优美、婉约细腻的艺术个性。

> 红藕香残玉簟秋。轻解罗裳，独上兰舟。云中谁寄锦书来？雁字回时，月满西楼。　花自飘零水自流。一种相思，两处闲愁。此情无计可消除，才下眉头，却上心头！（《一剪梅》）

> 暖日晴风初破冻。柳眼梅腮，已觉春心动。酒意诗

情谁与共? 泪融残粉花钿重。 乍试夹衫金缕缝。山枕
斜敧,枕损钗头凤。独抱浓愁无好梦,夜阑犹剪灯花弄。
(《蝶恋花》)

　　薄雾浓云愁永昼。瑞脑销金兽。佳节又重阳,玉枕
纱厨,半夜凉初透。 东篱把酒黄昏后。有暗香盈袖。
莫道不消魂,帘卷西风,人比黄花瘦!(《醉花阴》)

在音律上,这些作品每字每句都是那样工
整严谨、朗朗上口,确乎比苏轼等人的词章更
加悦耳动听,真正达到了"词"与"曲"的高
度统一。在格调上,这些作品将"典重""故
实"化用在"铺叙"之中。以第一首为例,上
阕看似无典无故,实则句句都有来历:"红
藕"来自五代顾夐《醉公子》中的"漠漠秋云
淡,红藕香侵槛","玉簟"来自五代顾夐《虞
美人》中的"绿荷相倚满池塘,露清枕簟藕花
香","罗裳"来自晋女子《春歌》中的"春风
复多情,吹我罗裳开","兰舟"来自宋晏幾道
《清平乐》中的"留人不住,醉兰舟去","锦
书"来自宋柳永《两同心》中的"锦书断,暮
云凝碧","雁字"来自宋晏幾道《阮郎归》中

的"天边金掌露成霜，云随雁字长"，"西楼"
来自唐韦应物《答李儋》中的"闻道欲来相问
讯，西楼望月几回圆"……"典重""故实"的
运用使这些作品显得文雅、富丽，颇具书卷气
息，从而远离了柳永"芳心是事可可"式的
"俚俗"；而化典故于"铺叙"之中的做法又使
得这些词句徐徐道来、娓娓动听，从而远离了
苏轼"三国周郎赤壁"式的"豪放"。

　　诗的特点在于抒情，词的特点则不仅在于抒
情，而且要把情感抒发得细腻。以往的词人虽常
以女性的口吻填词，但其心态毕竟是男性的。而
作为感情细腻的女词人，李清照是写情的高手。
她对情感的抒发往往不用直白的手法，而只需三
言两语、一个动作、一种状貌、一个细节，便将
闺阁中的哀怨表达得具体而微、淋漓尽致。像
"云中谁寄锦书来？雁字回时，月满西楼"，像
"花自飘零水自流，一种相思，两处闲愁"，像
"此情无计可消除，才下眉头，却上心头"，像
"酒意诗情谁与共？泪融残粉花钿重"，像"独抱
浓愁无好梦，夜阑犹剪灯花弄"，像"东篱把酒
黄昏后，有暗香盈袖"，像"帘卷西风，人比黄

花瘦"……都是情景交融的绝佳名句。难怪有人将李清照与"词国皇帝"李煜相提并论，誉之为"词国女皇"呢！从某种意义上讲，李清照在词曲上的成功，既是偶然的，也是必然的。说它是偶然的，是因为在那个男权统治的封建社会里，女性在接受教育、表达情感的方方面面，要受到各种各样的限制；像李清照这样生于书香门第、嫁予丞相之子的特殊女子而又悉心创作者确实是十分罕见的。说它是必然的，是因为宋朝是一个阴柔之美的时代，词曲是一种婉约之美的艺术，而女性则恰恰具有创造这种美和艺术的天赋条件。换言之，在那个风起云涌、气象万千的唐代，只可能出现武则天式的女强人，不可能出现李清照式的女词人。即使同是在宋代，李清照也只能以词曲取胜，而非以诗文见长。尽管作为一个文学家，李清照的成就是多方面的，她的诗文也很出色，但能够以"易安体"而成为一代风尚者，却只能是词。这种分析，并不是要否定柳永之"俚俗"、苏轼之"豪放"对词曲的贡献，而是要说明个人的努力同时代的风尚和艺术的特性之间的辩证关系。从晏殊、张先、欧阳修到晏幾道、秦观、周邦彦，绵延不断的婉约词风终于在李清照这里达到了登峰造极的地步，这难道是偶然的吗？

文道为一，骈散融合

散文在宋代所取得的成就，似乎在诗、词之间。从数量上看，由于雕版印刷的普及和活字印刷的出现，"书籍刊行大备，要自宋开始"（《钦定天禄琳琅书目》），因而宋代流传下来的散文作品远远多于唐代。从质量上看，作为古文运动的发展和继续，宋代的散文虽不像唐代那样具有开拓意义，但却更加丰富、也更加成熟。明代茅坤《唐宋八大家文钞》标举韩愈、柳宗元、欧阳修、苏洵、苏轼、苏辙、曾巩、王安石为唐宋古文八大家，其中宋代就占了六人，且均集中在北宋。除此之外，还有王禹偁、范仲淹、司马光诸公，真可谓是名家荟萃、蔚为壮观了。

同唐代古文运动所面临的问题一样，宋代散文家所要解决的问题仍然是"文"与"道""骈"与"散"的矛盾。不同之处只在于，韩愈诸子面对文蔽于道、骈盛于散的局面，需要采取一种矫枉过正的激烈手段，挽狂澜于既倒；而欧阳修等人面对文道两分、骈散对立的局面，则需要采取一种中庸调和的态度，采众家之所长。与之相关的是，韩愈所代表的唐代散文多有一种激荡的气势、险怪的风尚；而欧阳修所代表的宋代散文则多有一种徐缓的节奏、平易的文风。所有这一切，便成为宋文有别于唐文的关键所在。

由韩、柳掀起的古文运动至晚唐五代已渐趋式微，讲究声律对偶、强调辞藻华丽的骈文开始回潮。及至宋代伊始，文坛上仍弥漫着形式主义的腐朽气息。这种五代遗风与杨亿、刘筠、钱惟演所倡导的"西昆体"汇合一处，主宰着宋初文坛的创作实践。与之相反的是，柳开、穆修、石介等人重新扛起了"古文运动"的旗帜，他们以"崇道""复古""尊韩"为口号，反抗"刻削伤于朴，声律薄于德"（柳开

《上王学士第三书》）的文坛时弊，且一个比一个偏激、一个比一个猛烈。由于他们把作文只看成是崇道的手段和工具，在合理的批判之中亦夹杂了一些不合理的成分，从而在理学盛行的文化土壤中被他人所利用。周敦颐首先提出了"文以载道"的口号，他的弟子程颢、程颐进而将这一主张推演为"作文害道"："问：作文害道否？曰害也。凡为文不专意则不工，若专意则志局于此，又安能与天地同其大也？《书》云'玩物丧志'，为文亦玩物也。"（《遗书》卷十八）从"文以载道"到"作文害道"，表面的文词虽截然相反，内部的逻辑却贯通一致。不难看出，上述两种思潮即在"文"与"道"的关系上各执一端，其极端性发展，不是导致形式主义，就是导致禁欲主义。

所幸的是，在这两条路线之间，还有着一条较为合理的中间道路。这条路线由王禹偁首先开创，被欧阳修发展、确立了下来。王禹偁一方面不满于晚唐五代以来的纤弱文风，于是在《送孙何序》《五哀诗》中提出了改革文风的主张；一方面又没有将文章所传之"道"与作者主体之"心"割裂开来、对立起来，从而在《答张扶书》《再答张扶书》中表达了自己"夫文，传道而明心也"的辩证认识。继王禹偁之后，欧阳修进一步明确了"文"与"道"之间的辩证关系：一方面，他肯定了"道"对"文"的指导和统帅作用，认为"圣人之文虽不可及，然大抵道胜者文不难而自至也"（《答吴充秀才书》），"其充于中者足，而后发乎外者大以光"（《与乐秀才第一书》），从而防止了空洞无物的形式主义文风；一方面，他又反对将"文"等同于"道"的简单做法，认为"古人之学者非一家，其为道虽同，言语文章未尝相似"（《与乐秀才第一书》），"以此知文章与造化争巧可也"（《温庭筠严维诗》），从而防范了"作文害道"的禁欲主义倾向。

从某种意义上讲，"骈"与"散"的关系是"文"与"道"之关系的外在表现。自魏晋六朝以来，骈文之所以盛行了几百年，显然得力于它对形式美的把握和体现，与所谓"文学的自觉"有着一定的内在关联。只是当这种形式美的追求变得过分机械呆板，以至于束缚了人们创作自由

的时候，它的负面效应才日渐暴露出来，因而
受到了人们的批判。但是，尽管有了中唐"古文
运动"的猛烈冲击，骈文也不会轻易退出历史舞
台，尤其是当它的美学精华尚未通过一种"辩证
的扬弃"而被新的形式所吸收、所采纳的时候。
在这个问题上，欧阳修也表现出了比当年的韩愈
更为自觉、更加合理的态度。一方面，他凭借自
己主考官的身份，力斥所谓"太学体"生涩雕琢
的四六骈文，而奖掖平易朴实的散文作者；一方
面，他又并不一概排斥骈文的写作，认为"时文
虽曰浮巧，其为功亦不易也"(《与荆南乐秀才
书》)，"偶俪之文，苟合于理，未必为非"(《论
尹师鲁墓志》)。也就是说，骈俪之美本身并没有
过错，只要人们不仅仅停留于外在的声律面前，
而陷入空洞的形式主义，只要人们不仅仅停留在
机械的句式之中，而被这形式本身所束缚的话，
古文未必皆是，骈文也未必皆非！这也正是他赞
赏苏氏父子的骈文"委曲精尽，不减古人"(《苏
氏四六》)的原因所在。

　　除了观念上的稳妥之外，欧阳修之所以成为
开一代风气的文坛领袖，还具备了下述条件：从

人格上讲，此公积极拥护范仲淹的政治改革，当范氏被诬遭贬时，他又挺身而出，为其辩护，虽自陷罗网却矢志不渝，表现出"天资刚劲，见义勇为"（韩琦《墓志铭》）的高尚品质，为世人所敬仰；从学识上讲，此公"长于《易》《诗》《春秋》，其所发明，多古人所未见"（苏辙《欧阳文忠公神道碑》），既是"宋学"的开创者之一，又是著名的历史学家；从修养上讲，此公不仅诗、词、文、赋无所不能，且对金石、书画颇有研究，他家藏图书、金石、琴、棋、酒五物，自身以一老翁"老于此五物之间"，号为"六一居士"，足见其造诣广博；从地位上讲，此公虽出身寒微，却做过县令、知州等地方官，又任过枢密副使、参知政事等军政要职，还曾利用主考官的身份来扭转文坛风气；从胸襟上讲，此公乐于道人之长，急于奖掖后进，对尹洙、梅尧臣、苏舜钦等同辈作家赞不绝口，对曾巩、王安石、苏轼等后学晚辈悉心扶植，表现出延揽人才的大家风范；最后，从创作上讲，此公除撰写《新五代史》外，还亲手自选编定了《居士集》五十卷，于史论、政论、抒情、记叙、墓志、序跋、随笔等各体无所不备。他的《秋声赋》变旧赋的骈体对仗为新文的骈散合一，显其"才"；他的《与高司谏书》以堂堂正正的语气公然指责对手尸位素餐、不谋其政，显其"胆"；他的《伶官传序》以先扬后抑的方式叙述后唐庄宗由"忧劳兴国"到"逸豫亡身"的过程，以展示"满招损，谦受益""得之难而失之易"的主题思想，显其"识"；他的《朋党论》从"君子同道"和"小人同利"的差别入手，分析了"朋"与"党"的原则差异，振聋发聩，令世人猛醒，显其"力"。

当然了，作为审美文化的表现形态，散文的创作在才、胆、识、力之外还要讲究"美"，为此，让我们来看看他那篇著名的《醉翁亭记》：

环滁皆山也。其西南诸峰，林壑尤美。望之蔚然而深秀者，琅琊也。山行六七里，渐闻水声潺潺而泻出于两峰之间者，酿泉也。峰回路转，有亭翼然临于泉上者，醉翁亭也。作亭者谁？山之僧智仙也。名之者谁？太守自谓也。太守与客来饮于此，饮少辄醉，而年又最高，故自号曰醉翁也。醉翁之意不在酒，在乎山水之间也。山水之乐，得之心而寓之酒也。

若夫日出而林霏开，云归而岩穴暝，晦明变化者，山间之朝暮也。野芳发而幽香，佳木秀而繁阴，风霜高洁，水落而石出者，山间之四时也。朝而往，暮而归，四时之景不同，而乐亦无穷也。

至于负者歌于途，行者休于树，前者呼，后者应，伛偻提携，往来而不绝者，滁人游也。临溪而渔，溪深而鱼肥；酿泉为酒，泉香而酒洌；山肴野蔌，杂然而前陈者，太守宴也。宴酣之乐，非丝非竹；射者中，弈者胜，觥筹交错，坐起而喧哗者，众宾欢也。苍颜白发，颓然乎其间者，太守醉也。已而夕阳在山，人影散乱，太守归而宾客从也。树林阴翳，鸣声上下，游人去而禽鸟乐也。然而禽鸟知山林之乐，而不知人之乐；人知从太守游而乐，而不知太守之乐其乐也。醉能同其乐，醒能述以文者，太守也。太守谓谁？庐陵欧阳修也。

这是一篇典型的宋代杰作，全文没有佶屈聱牙的文字，没有晦涩艰深的典故，没有刻意为工的句式，没有参差平仄的音律，只是信笔挥洒、徐徐道来，却同样跌宕起伏、娓娓动听。文章首

先从"峰回路转""林壑尤美"的环境中衬托出
智仙造、太守名的"醉翁亭"，再从"朝而往，
暮而归"的游乐中衬托出"射者中，弈者胜"的
欢愉，复又从"夕阳在山，人影散乱"的喧闹
中衬托出"苍颜白发，颓然乎其间"的太守醉
态，最后从"禽鸟乐""人之乐"来反衬出"太
守之乐"的不同含义。名为写亭，明为写景，实
则写的是太守的醉态。而太守的醉态又有着深刻
的意味，正所谓"醉翁之意不在酒，在乎山水之
间也"！文章委婉自然，句式简单，一连用了21
个"也"字，却没有雕琢、刻意之嫌，读起来从
容舒缓，有一唱三叹之妙。为此，苏洵曾将欧阳
修的文风与孟子、韩愈做过比较："孟子之文语
约而意尽，不为巉刻斩绝之言，而其锋不可犯。
韩子之文如长江大河，浑浩流转，鱼鼋蛟龙，万
怪惶惑，而抑遏蔽掩不使自露，而人望见其渊然
之光，苍然之色，亦自畏避不敢迫视。执事之文
纡余委备，往复百折，而条达疏畅无所间断；气
尽语极，急言竭论，而容与闲易，无艰难劳苦之
态。此三者皆断然自为一家之文也。"（《上欧阳
内翰第一书》）其实，这种绚烂之极归于平淡的

阴柔之美，不仅是欧阳修一家文章的艺术特色，在某种意义上，它也代表了宋代散文的整体风范。这一风范我们似曾相识，或许是在钧窑烧制的瓷碗中，或许在晋祠保存的塑像上，或许是在婉约词人的作品里……

继欧阳修之后的苏洵、曾巩、王安石、苏轼、苏辙等散文大师，都或多或少地受到过这位文坛领袖的奖掖和扶植，他们虽然在总体风格上保持了宋代美学的基本属性，亦因其不同的性格、气质、家庭背景和生活经历而各有各的特征。大致说来，苏洵以史论见长，崇尚方略、喜论治道，受《战国策》的影响，在平易中多了几分雄健，其《六国论》《管仲论》有一种纵横捭阖、统驭古今的气概，都能够借古议政、切中要害，"其雄壮俊伟，若决江河而下也；其辉光明白，若引星辰而上也"（曾巩《苏明允哀辞》）；王安石以政论见长，注重现实、讲究时效，受《韩非子》的影响，在平易中多了几分峭刻，其《上仁宗皇帝言事书》《上五事札子》等文，都能够条分缕析、泾渭分明，"如大将将数十万兵而不乱，中间丝联绳牵，提挈起伏，照应收缴，动娴法则，极长篇之能事"
（沈德潜《唐宋八大家文读本》）；曾巩恪守"圣
人之道"，受《孟子》的影响，在平易中多了几
分醇厚，其《抚州颜鲁公祠堂记》《范贯之奏议
集序》等文，均能够以道贯气、因气生文，"徐
纡而不烦，简奥而不晦，卓然自成一家"（《宋
史·曾巩传》）；苏辙严守"人臣之节"，受贾谊
的影响，在平易中多了几分真挚，其《为兄轼
下狱上书》《乞牵复英州别驾郑侠状》等文，均
能够委婉陈辞、入情入理……当然了，这其中
最全面、最丰富、最具有代表性的，还要数新
一代的文坛领袖苏轼了。

与欧阳修相类似，苏轼之所以能够成为新
的一代文坛领袖，也有着如下条件：从人格上
讲，此公襟怀磊落，刚正不阿，不仅因政见不
同而开罪于新党，而且因观点不同而冒犯于旧
党，仕途上大起大落，屡遭贬谪，从九五之侧
一直被贬至海南荒岛，却始终未失文人的操守、
臣子的气节，为世人所钦佩。从学识上讲，此
公见识广博、学养深厚，著有《东坡易传》九
卷、《书传》二十卷、《论语说》（已佚）等多种

学术著作，他与苏辙共同创立了"蜀学"，以调和儒、释、道三教为指归，于当时著名的"关学""洛学"之外独树一帜；从修养上讲，此公于书、画、诗、词无所不通，无所不能，无所不擅，是一位多才多艺的旷世奇人；从地位上讲，此公既做过中书舍人、翰林学士知制诰等朝廷要职，也做过杭州通判、密州太守等地方官员，还曾主持过学士院考试和进士贡举，选拔过不少青年才俊；从胸襟上讲，此公以才敬才，以才爱才，对王安石等不同政见的文人给予同样的尊敬，对黄庭坚、张耒、晁补之、秦观等后学晚辈予以高度的推崇，表现出海纳百川的大家风度；最后，从自身的创作上讲，此公挥毫成文、落笔成章，今存散文四千余篇，赋铭、颂赞、议论、记叙、抒情、笔记、小品等各体具备，无所不工。

同欧阳修一样，苏轼的文章也得之于其个人的才、胆、识、力，然而除此之外，还应归功于他对儒、释、道三种文化资源的综合利用。我们知道，宋代的理学本来就是以儒为主，汲取释、道的产物；而作为封建社会后期知识分子的代表人物，苏轼的思想极为复杂，苏辙说他"初好贾谊、陆贽书，论古今治乱，不为空言。既而读《庄子》，喟然叹曰：'吾昔有见于中，口未能言，今见《庄子》，得吾心矣！'后读释氏书，深悟实相，参之孔、老，博辩无碍，浩然不见其涯也。"（《东坡先生墓志铭》）除学理之外，他对儒、释、道三家的兼收并蓄更多地体现在人格修养和审美趣味上。作为宦海沉浮的当朝官员，苏轼始终对国家和民族负有其应尽的责任，这种积极入世的儒家思想在史论和政论两类散文中表现得尤为突出。例如，在《刑赏忠厚之至论》一文中，他从"尧、舜、汤、文、武、成、康之际"，到"虞、夏、商、周之书"，在历史的经验中总结出了"罪疑为轻，功疑为重"的思想，表现出儒家学者崇经重史的治国理念；在《教战守策》一文中，他从"当今生民之患，果安在哉"的疑虑出发，得出了"在于知安而不知危，能逸而不能劳。此其患不见于今，而将见于他日"的结论，表现出一个儒家学者居安思危的"忧患意识"。此外如《留侯论》《贾谊论》《晁错论》等史论文

133

章,《思治论》《进策》等政论文章,也都能于众所周知的史料中引发出独到的见解,于错综复杂的现实问题中寻找出解决的答案。然而在另一方面,苏轼不仅有儒家积极入世的精神,而且有道教遗世高蹈乃至道教天马行空的风格,这一点在其有关艺术的散文、随笔、书信中表现得尤为突出。例如,他在《书吴道子画后》中关于"出新意于法度之中,寄妙理于豪放之外,所谓游刃余地,运斤成风"的评价,显然是受了《庄子》寓言的影响;他在《书李伯时山庄图后》一文中关于"其神与万物交,其智与百工通"的论述,显然是受了道教文化的熏陶。在创作动机上,他主张倚仗灵感、顺应自然,所谓"吾文如万斛泉源,不择地而出,在平地滔滔汩汩,虽一日千里无难;及其与山石曲折,随物赋形而不可知也。所可知者,常行于所当行,常止于不可不止"(《文说》),所谓"不依形而立,不恃力而行,不待生而存,不随死而亡"(《潮州韩文公庙碑》);在艺术风格上,他既反对"浮巧轻媚,丛错采绣"的浮华文体,又反对"怪僻而不可读"的险怪文风,在平易

畅达的基础上主张别出心裁、另起炉灶，所谓
"外枯而中膏，似澹而实美"（《评韩柳诗》）。所
有这一切，都已经远远超出了儒家的常规，而
获得了道家乃至道教的文化滋养。不仅如此，
苏轼在儒家的浩然正气、道家的天马行空之外，
还常常蕴含着佛家"因色悟空"的境界，这在
那些游记、寓言中表现得尤为突出。例如，《在
儋耳书》从自己初到海南岛时环顾大海的心情，
写到覆盆水于地，而附于草芥之上的蚂蚁茫然
不知所措的神态，然后化涕为笑，用人生如梦
的宗教境界来开解自己，诙谐中有悲哀，悲哀
中又有旷达的情怀；在《记承天寺夜游》中，
寥寥数笔，将主观的闲情逸致与客观的月影松
涛两相对照，以得出心境高于物境的佛教命
题……更为重要的是，在苏轼这里，儒、释、
道三家的精神境界并不总是截然分开的，有的
时候，它们可以同时并存于一篇文章之中，起
到相得益彰的美学效果：

　　壬戌之秋，七月既望，苏子与客泛舟，游于赤壁之
　下。清风徐来，水波不兴。举酒属客，诵明月之诗，歌

窈窕之章。少焉，月出于东山之上，徘徊于斗牛之间。白露横江，水光接天。纵一苇之所如，凌万顷之茫然。浩浩乎如冯虚御风，而不知其所止；飘飘乎如遗世独立，羽化而登仙。

于是饮酒乐甚，扣舷而歌之。歌曰："桂棹兮兰桨，击空明兮溯流光。渺渺兮予怀，望美人兮天一方。"客有吹洞箫者，倚歌而和之。其声呜呜然，如怨、如慕、如泣、如诉，余音袅袅，不绝如缕，舞幽壑之潜蛟，泣孤舟之嫠妇。

苏子愀然，正襟危坐，而问客曰："何为其然也？"

客曰："'月明星稀，乌鹊南飞'，此非曹孟德之诗乎？西望夏口，东望武昌，山川相缪，郁乎苍苍，此非孟德之困于周郎者乎？方其破荆州，下江陵，顺流而东也，舳舻千里，旌旗蔽空，酾酒临江，横槊赋诗，固一世之雄也，而今安在哉！况吾与子渔樵于江渚之上，侣鱼虾而友麋鹿，驾一叶之扁舟，举匏樽以相属。寄蜉蝣于天地，渺沧海之一粟，哀吾生之须臾，羡长江之无穷。挟飞仙以遨游，抱明月而长终，知不可乎骤得，托遗响于悲风。"

苏子曰："客亦知夫水与月乎？逝者如斯，而未尝往也；盈虚者如彼，而卒莫消长也。盖将自其变者

而观之，则天地曾不能以一瞬；自其不变者而观之，
则物与我皆无尽也，而又何羡乎？且夫天地之间，物
各有主。苟非吾之所有，虽一毫而莫取。惟江上之清
风，与山间之明月，耳得之而为声，目遇之而成色，
取之无禁，用之不竭，是造物者之无尽藏也，而吾与
子之所共适。"

客喜而笑，洗盏更酌。肴核既尽，杯盘狼藉。相与
枕藉乎舟中，不知东方之既白。

在这篇著名的《前赤壁赋》中，我们既可
以从"哀吾生之须臾，羡长江之无穷"的悲鸣
中听到一种"子在川上曰：'逝者如斯夫，不舍
昼夜！'"（《论语·子罕》）的人生喟叹，通过
一位儒家学者的眼睛透视有限的个人功业与无
限的历史变迁在赤壁古战场的背景下所形成的
巨大反差；又可以在"浩浩乎如冯虚御风，而
不知其所止；飘飘乎如遗世独立，羽化而登仙"
的形象里看到一位道家名士把酒临风、挥袂起
舞的英姿，以唤起个体生命摆脱社会束缚而获
得充分自由的渴望；还可以从"自其变者而观
之，则天地曾不能以一瞬；自其不变者而观之，

则物与我皆无尽也"的偈语中领悟到"空即是
色，色即是空"的佛家境界，从而超越功名利
禄、超越毁誉荣辱、超越感官享受，以获得一
种空明澄澈的心境……在这里，倘若没有佛、
道两家的超凡脱俗，儒家的积极入世就会显得
过于沉重；反之，倘若没有儒家的积极入世，
佛、道两家的消极出世又会显得过于轻浮了。
事实上，正是儒、释、道三者之间所形成的必
要的张力，才使得这篇文章显得厚重而不板滞、
飘逸而不轻浮、空灵而不虚无了。更为重要的
是，儒、释、道的融会在这里绝不是一种人为
的嫁接、机械的拼凑，而是一种真才学、真感
受、真思想、真性情。于是，在中唐"古文运
动"中，我们曾经看到的那种儒、释、道三家
各执一端、分裂对峙的局面没有了，代之而来
的是这种"入于儒，出于道，逃于佛"的"三
位一体"的新的理想、新的人格，新的文风。

　　在"文"与"道"的关系上，苏轼也讲究
"吾所为文，必以道俱"，但这里的"道"已不仅
是儒家的仁义之心，也包含了佛、道两家的文化
内容；在"骈"与"散"的关系上，苏轼也主张

"会然于心""了然于手"，反对依韵布句、为文造情，但他并不一概排斥骈文的笔法，而是不拘一格、骈散混用。总之，无论是在内容，还是在形式方面，唐宋"古文运动"所做的一切努力在苏轼这里都已经成熟了、完善了。因此，可以毫不夸张地说，他标志着继韩愈、柳宗元、欧阳修之后的一种新的境界，一座新的高峰。

苏轼之后，虽先有黄庭坚、晁补之、秦观、张耒、陈师道等苏门弟子驰骋于前，又有南宋之言政论兵者、讲学鸣道者、叙史述异者奋力于后，但其总体成就均没有超过苏轼，这或许正是南宋散文远远不及北宋的原因所在。

〔1〕　冯天瑜、何晓明、周积明《中华文化史》第671页，上海人民出版社，
　　　　1990年版。

〔2〕　章培恒、骆玉明《中国文学史》中册，第390页，复旦大学出版社，
　　　　1996年版。

〔3〕　《美的历程》第156页，文物出版社，1981年版。

南宋：残山剩水

由于赵宋王朝坚持"尚文抑武""守内虚外"的治国理念，于是在建国不久便开始呈现出封建社会后期王朝的腐朽特征：对内加强专制主义的集权统治，利用理学来控制人们的行为和思想，比以往任何时候都更加强调道德理性、伦理秩序、纲常名教对生命个体的绝对权威；对外则保守妥协、处处退让，比以往任何一个统一的帝国都显得文弱无力、不堪一击。

宋自建国之始，便与北方的辽形成了对峙的局面。在宋初的平辽战役失败后，朝廷不得不改攻势为守势。"澶渊之盟"规定宋朝每年以绢20万匹、银10万两的代价来换取和平，泱泱大国竟然要向北方的契丹统治者缴纳贡品。为了改变这一局面，北宋后期，随着东北地区女真族的迅速崛起，朝廷又采取了联金灭辽的战略方针。双方议定南北夹攻：金军负责攻打辽之中京大定府，宋军负责攻打辽之南京（燕京）。但随着战事的发展，先是由于宋军的无能，后是由于金人的失信，宋、金盟约在灭辽之后宣告破裂。公元1127年3月，金军乘势南下，攻破开封，掠徽宗、钦宗及皇族470人北归，这就是历史上的"靖康之变"。同年6月，逃往河南的康王赵构于南京应天府（商丘）嗣位，后迁都杭州，开创了长达152年的南宋朝廷。

南宋之于北宋，历史的发展既有跳跃性的一面，又有延续性的一面。跳跃性的一面是由于历史的变故引起的，"靖康之变"大大激发了人们民族主义的爱国情绪，并使之渗透到审美文化的各个领域；延续性的一面是由于经济生活的发展决定的，商品生产的深入并没有随着政治军事的变故而裹足不前，因而进一步加剧着审美活动中的世俗化成分。这两个方面的相互交织、彼此渗透，便最终构成了南宋时期审美文化的主导特征。

与北宋相比，这一时期陶瓷的产量随北方陶窑的被破坏而大大减少，服饰上则没有什么大的变化；书法、绘画等高雅的艺术门类似有衰落之迹象，而话本、戏剧等通俗的艺术形式则有了新的发展；散文中的审美成分在减弱，实用的成分在加强；诗歌中形式的因素在减弱，内容的因素在加强；就连原已确立了婉约格调的词曲，也在一定程度上重新恢复了豪放的气质，在金戈铁马中焕发出新的风采……所有这一切，还得从南宋的首都临安说起。

1

『看风流慷慨，谈笑过残年』

话本、戏曲

南宋初年，升杭州为临安府，绍兴八年（1138）定都于此，有"临时偏安"之意。然而此一临安，竟"临"了一个半世纪。而这一选择，

大花园·大都会·
大集市·大舞台

也绝非偶然。杭州在五代时为吴越国都城西府，是未经唐末战乱破坏的少数城市之一。这里的西湖由中唐的白居易、北宋的苏轼等人先后主持挖

掘和疏浚，既美化了都市的风景，又促进了商贸的繁荣，故有"东南第一州"的美誉。在上文中我们提到，柳永在《望海潮》一词中曾盛赞过这座"烟柳画桥，风帘翠幕，参差十万人家"的美丽城市，而据罗大经《鹤林玉露》记载，"此词流播，金主亮闻歌，欣然有慕于'三秋桂子，十里荷花'，遂起投鞭渡江之志"。无论这一记载是否属实，自南宋即已出现的"上有天堂，下有苏杭"（《吴郡志》）的谚语确非虚传。也正是在南宋时期，西湖的繁华达到了鼎盛阶段，出现了至今流传的"西湖十景"：平湖秋月、苏堤春晓、断桥残雪、雷峰夕照、南屏晚钟、曲院风荷、花港观鱼、柳浪闻莺、三潭印月、双峰插云。于是，在这座美得容易令人陶醉的城市里，不思进取的南宋朝廷开始了"山外青山楼外楼，西湖歌舞几时休？暖风熏得游人醉，直把杭州作汴州"（林升《题临安邸》）的岁月。于是，"临时偏安"，也便成了"苟且偷安"。

从某种意义上讲，一个国家的首都是其精神面貌的集中体现。长安如此，开封亦然，**临安**（017）也不例外。与前两座都城相比，这座

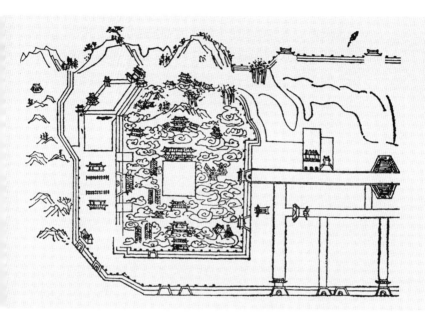

017 南宋临安示意图

在吴越国都城西府基础上改建的临时都城既没有虎踞龙盘的威严气势，也已不再是堂堂正正的四方格局，如果从高空中俯视的话，它倒很像是一座经过放大了的盆景、一座建筑紧凑的花园。整个城市南北长而东西窄，俗称"腰鼓城"。城周36里，内部的宫城由原杭州知府的牙城改建，外围的城郭也由原来的土墙换成了砖墙。城西的湖水为这座首都平添了几分秀色，而缺乏规划的亭台楼阁又使其少了几分威严。同长安、开封一样，临安也有一条贯串南北的御街，长13 500余丈，宽近200步，气势不可谓不宏伟，但由于缺乏其他建筑的整体配合，则显得有些虚张声势。然而无论如何，都城毕竟是都城。自从临安建都以后，此地的人口从南宋初期的55万人增至晚期的124万人，与此同时，手工业、商业和各种文化娱乐业也迅猛发展了起来，尽管城市的规模和气势难以同开封相媲美，但其人口的密度和繁华的程度却有过之而无不及。

从地理上讲，杭州左江右湖，不仅有西湖之美，而且有钱塘之便，来自四面八方的异珍奇货源源不断地借钱塘江水漂泊而来，同时又把这里的丝绸、瓷器、印刷品乃至军火输送出去，使这里既成为包含十几种门类的手工业中心，又成为囊括各种团、行、市、铺、作在内的大市场。临安的商业，万物汇聚，百店兴隆。据记载，当时自宁和门杈子外至观桥下，没有一家不做买卖的。商业和手工业的繁荣，势必带来文化娱乐业的兴盛。据《西湖老人繁胜录》记载，当时的城内分布着各种各样的瓦子、勾栏："南瓦、中瓦、大瓦、蒲桥瓦。惟北瓦大，有勾栏一十三座。"在这些娱乐场所中，有说书的、讲史的、跳舞的、唱歌的、演戏的、玩木偶的、耍杂技的，真可谓是家家灯火、处处管弦。这样一来，整个临安不仅是一个大花园、大都会、大集市，而且简直就是一座大舞台了。

文艺节目的种类如此繁多，其来源也相当复杂。一方面，有着宫廷教坊的流风余韵；一方面，又有着民间团体的自发组织。据《都城纪胜》记载："旧教坊有篳篥部、大鼓部、杖鼓部、拍板色、笛色、琵琶色、筝色、方响色、笙色、舞旋色、歌板色、杂剧色、参军色……绍兴三十一年省废教坊之后，每遇大宴，则拨差临安府衙前乐人充应，属修内司教乐所掌管。"可见，南宋初期教坊的省废，使得大量宫廷艺人流入民间，因而对艺术的普及产生了影响。就在宫廷教坊省废之际，民间却涌现出许多自发的文艺团体，"如绯绿社（杂剧）、齐云社（蹴鞠）、遏云社（唱赚）、同文社（耍词）、角抵社（相扑）、清音社（清乐）、锦标社（射弩）、锦体社（花绣）、英略社（使棒）、雄辩社（小说）、翠锦社（行院）、绘革社（影戏）、净发社（梳剃）、律华社（吟叫）、云机社（撮弄）"（《武林旧事》卷三）。在这五花八门、名目繁多的民间艺术中，有两类值得特别的关注，这便是以小说为代表的讲唱文学和以杂剧为代表的戏剧艺术。

瓦子、勾栏里的平话、小说

作为叙事文学的形式，宋代的话本与唐代的变文和传奇之间既有相同的一面，又有不同的一面。与变文一样，话本也是口头文学的底本，因而其作者主要是民间艺人，在语言上也有着口语化的特征；在这一点上，它与多出自士大夫之手，且言辞讲究、多用文言的传奇不同。与传奇一样，话本很少有宗教神秘主义的色彩，主要以世俗生活为其反映对象；在这一点上，它又与源自佛教文化的变文不同。简言之，世俗化与民间化，是宋代的话本有别于唐代的变文和传奇的关键所在。

世俗化与民间化的趋势，与当时城市经济的发展有着密切的关联。进入宋代以后，开封、洛阳、扬州、荆州、临安、成都等地的商业活动日益发达，市民人口不断增加，形成了著名的通都大邑。而整天与金钱打交道的市民阶层已不再满足于宗教道德的宣传和文人士子的情调，在商品生产的刺激下，他们要求更加世俗、更加感性、更能满足感官享受的文化娱乐方式；与此同时，城市中坊市制度的取消、宵禁制度的废除，又使得这种要求成为可能。于是，一种新的、既不在寺院也不在书房的口头文学，便在瓦子、勾栏中发展了起来。在这种情况下，说话伎艺人才辈出，仅开封、临安两地可考的著名"说话人"就在百人以上。这些民间艺人以瓦子、勾栏为家，以口头文学为业，在竞争激烈的商业演出中不断提高着自己的学识、修养和技艺。罗烨《醉翁谈录》甲集卷一"小说开辟"条描写了当时的盛况：

　　夫小说者，虽为末学，尤务多闻。非庸常浅识之流，有博览该通之理。幼习《太平广记》，长功历代史书。烟粉传奇，素蕴胸次之间；风月须知，只在唇齿之上。《夷坚志》无所不览，《琇莹集》所载皆通。动哨、中哨，莫非《东山笑林》；引倬、底倬，须还《绿窗新话》。论才词有欧、苏、黄、陈佳句；说古诗是李、杜、韩、柳篇章……只凭三寸舌，褒贬是非；略嚼万余言，讲论古今。说收拾寻常百万套，谈话头动辄数千回。说重门不掩底相思，谈闺阁难藏底密恨。辨草木山川之物类，分州郡县镇之程途。讲历史年载废兴，记岁月英雄文武……说国贼怀奸从佞，遣愚夫等辈生嗔。说忠臣负屈衔冤，铁心肠也须下泪。讲鬼怪令羽士心寒胆战，论闺怨遣佳人绿惨红愁。说人头厮挺，令羽士快心；言两阵对圆，使雄夫壮志。谈吕相青云得路，遣才人着意群书。演霜林白日升天，教隐士如初学道。噇发迹话，使寒门发愤；讲负心底，令奸汉包羞。讲论处，不滞搭，不絮烦；敷演处，有规模，有收拾。冷淡处，提掇得有家数；热闹处，敷演得越久长。曰得词，念得诗，说得话，使得砌。言无诓煞，遣高士善口赞扬；事有源流，使才人怡神嗟讶。

　　从内容上讲，当时的"说话人"各有所长，北宋有"三分说"，南宋则有"四家数"。据专家考证，大致可将宋代的口头文学分为四种类型：第一种是反映现实生活的"小说"，第二种是讲述历史故事的"讲史"，第三种是申明宗教义理的"谈经""说参请""说浑经"，第四种是插科打诨、调笑逗乐的"合生"。这其中，前两种世俗性的"小说"和"讲史"最为发达；第三种显然带有唐代"俗讲"的宗教遗迹，但已不占主导地位；第四种则有点儿像今天的相声、谜语之类，算不上长篇的叙事文学。

　　从形式上讲，当时的"说话人"以口语敷衍故事为主，故而叫做"说话"，语言自然流畅，富有生活气息，不仅比唐代的"传奇"更加生动，而且比唐代的"俗讲"艺术更加活泼。在口语之外，有的穿插一些诗歌，有的穿插一些词曲。前者也称为"诗话"，后者亦称为"词话"。

　　正像唐代的"变文"是"俗讲"艺术的底本一样，宋代的"话本"是"说话"艺术的底本。宋人的"说话"有类别之分，"话本"亦有类别之分，如"平话"专指讲史家说话用的底本，"小说"专指小说家说话用的底本。这种底本的存在不仅有助于说话人对长篇故事的记忆，而且有利于书面文字的推敲，并渐渐地由口头文学的辅助形式演变为一种书面文学的独立形式。这样，由唐代的变文、传奇，到宋元时代的话本，再到明清时代的小说，我们可以清楚地看到叙事文学由宗教到世俗、由文言到白话、由口头到书面的演变、发展轨迹。

早在唐代的《伍子胥变文》中，我们已经看到了长篇历史故事的痕迹。到了宋代民间艺人的口中，历史故事的内容越来越丰富，情节越来越复杂，不仅有单个人的历史故事，而且发展出以某个历史阶段为对象，同时讲述若干历史人物的故事。与此同时，北宋出现了孙宽、高恕、孙十五、霍四究、曾无党、尹常卖、李孝祥等专门讲史的名家；南宋仅临安一地就有此类艺人二三十位，其中还不乏女性。为了便于记忆和整理，讲史艺人将口头的故事记录下来，便成为所谓"平话"。

据《四库全书总目提要》记载："《永乐大

典》有平话一门，所收至夥，皆优人以前代轶事
敷衍成文而说之。"其中当有一些宋代的作品，
可惜此书在英法联军入侵北京时散佚，今天所能
见到的只有个别片断。近人赵万里曾从英国牛津
大学图书馆所藏的该书中辑出《薛仁贵征辽事
略》，据考为宋元时代的作品。除此之外，还有
《武王伐纣平话》、《七国春秋平话》（后集）、《秦
并六国平话》、《前汉书平话》（续集）、《三国志
平话》、《新编五代史平话》（残卷），以及《宣和
遗事》等少量作品传世，但其年代也很难确定。
除社会动荡、年代久远之外，"平话"大量遗失
的情况，还可能与官方人士视之为"稗官野史"
而不予重视有关。但据《醉翁谈录》"小说开辟
条"的记载，当时的作品是相当丰富的："也说
黄巢拨乱天下，也说赵正激恼京师。说征战有
刘、项争雄，论机谋有孙、庞斗智。新话说张、
韩、刘、岳，史书讲晋、宋、齐、梁。《三国志》
诸葛雄才，收西夏说狄青大略。"值得注意的是，
这里除了传统的历史故事外，还有讲述张俊、韩
世忠、刘锜、岳飞等抗金英雄的所谓"新话"，
这种当代题材的讲史故事，显然具有特殊的现实

意义。它们反映了广大民众不甘屈服、反抗侵略的爱国热情。这种热情也曾一度寄托在皇帝赵构的身上：

> 康王单骑躲避，行路困乏，因憩于崔府君庙，不觉困倦，依阶砌假寐。少时，忽有人喝道："速起上马，追兵将至矣！"康王道："无马奈何？"其人曰："已备马矣，请大王疾速加鞭！"康王豁然环顾，果有匹马立于旁；将身一跳上马，一昼夜行七百余里，但见马僵立不进，下视之，则崔府泥马也。（《宣和遗事》后集）

尽管历史上的赵构实为贪生怕死之辈，但在"说话人"的口中，他却被美化成了有若天助的神人。这是因为，"靖康之变"在人民心上留下了一道难以治愈的创伤，而美化逃到南方组织新政府的康王赵构，无疑有助于强调南宋朝廷的合法性，从而有利于团结民众、一致抗金。除此之外，《宣和遗事》后集中，还有"陈思恭舟师几获兀术""韩世忠败兀术于镇江府""张俊明州大捷""牛皋荆门大捷""岳飞邀击兀术大捷""十三处战功"等抗金题材的平话。由此可见，瓦子、勾栏中的"说话"艺术，并非仅仅具有消遣、娱乐的作用，它同样反映了那个时代民族主义的爱国精神。

如果说"讲史"更多地表现出了民族危机背景下的爱国精神，那么"小说"则更多地反映了理学教条桎梏下的反抗情绪。"小说"者，顾名思义，说的无非是那些名不见经书传记、事不登大雅之堂的小人物、小故事，但他们有血有肉、有情有义，最能引起市民听众的共鸣。宋代的"小说"又分三派，一派讲"烟粉""灵怪""传奇"，无非是男女恋情、神道妖魔、人世悲欢的故事；一派说"公案"，无非是贪官断案、诉讼恩仇、善恶较量的故事；一派说"铁骑"，无非是民众卫国、勇士抗暴、英雄救主的故事。现已得知的宋人话本小说目录有一百四十余种，大致可以确定的文本约三十余篇，散见于明人汇辑的《清平山堂话本》及熊龙峰刊印的《喻世名言》《警世通言》《醒世恒言》等书中。

正如"平话"较之"变文"有很大的发展一样，"小说"较之"传奇"亦有很大的进步。从内容上看，尽管唐代的传奇中已出现了一些与官方意识形态相矛盾的作品，但作者从文人士大夫的角度出发，更多地沉湎于才子佳人的风流韵事。随着创作主体的变化，宋代的小说则更加鲜明地表现出市民阶层独特的价值标准和情感方式，并以此来挑战"革尽人欲，复尽天理"的理学教条，从而形成了一道富于反叛色彩的文化景观。在这一文化景观中，最为动人的是妇女形象，这是因为宋代妇女受理学的压抑最深，其反抗也就最强烈。《闹樊楼多情周胜仙》中的周胜仙不顾"父母之命，媒妁之言"的婚姻观念，巧妙地向范二郎表达了自己的爱慕之情。当父亲因二郎出身低贱而反对婚约时，周胜仙则矢志不移，愤然而死，并在死后复苏的情况下亲自去樊楼寻找二郎。相比之下，范二郎则为了保全性命，失手打死了误以为是鬼的周胜仙。胜仙死后，仍托梦给二郎，并设法营救因犯杀人罪而被捕入狱的二郎，表现出无怨无悔、至死不渝的爱情观念，从而开启了情之所至、超越生死的爱情主题。《杨思温燕山逢故人》中的郑意娘在战乱中为异族所获，宁死也不愿委身于侵略者。她的死，既表现了对爱情的忠贞不渝，同时也反映了女真铁蹄蹂躏下的中原妇女不甘凌辱、坚贞不屈的反抗精神。相比之下，她的丈夫韩思厚则有些意志薄弱、见异思迁了。这种男女主人公的不同表现，对于那个主张"饿死事小，失节事大"的男权社会，无疑是一种尖锐的批判。《快嘴李翠莲记》中的李翠莲则心性耿直、口无遮拦，全不把封建礼法放在眼里。她出嫁当天就把那些封建愚昧的陈规陋习大骂一通，宁愿出家为尼，也不受"行不露足，笑不露齿"的行为约束，这对于主张"三从四德"的理学思想无疑是一个绝妙的讽刺。

在艺术形式上，宋人的"小说"也比唐人的"传奇"有着明显的进步。出于吸引听众的需要，"小说"的情节一般要比"传奇"更为复杂，也更为多样。如《碾玉观音》依靠人物的性格逻辑来推动情节的发展，《错斩崔宁》则利用巧合的事件来发展故事的进程。不同的结构适应了不同主题的需要，又都能够起到峰回路转、引人入胜的效果。在语言上，出于口头表达的需要，白话体的小说则比文言体的传奇更加通俗易懂，也更加生动活泼。不少作品已不仅具备了独特风格的叙述口吻，而且注重人物语言的个性特征。例如，《快嘴李翠莲记》的开篇处是这样的：

> 入话：出口成章不可轻，开言作对动人情；虽无子路才能智，单取人前一笑声。此四句单道：昔日东京有一员外，姓张名俊，家中颇有金银。所生二子，长曰张虎，次曰张狼。大子已有妻室，次子尚未婚配。本处有个李吉员外，所生一女，小字翠莲，年方二八。姿容出众，女红针线，书史百家，无所不通。只是嘴快些，凡向人前，说成篇，道成溜，问一答十，问十道百。有诗为证：
>
> > 问一答十古来难，问十答百岂非凡。能言快语真奇异，莫作寻常当等闲。

这种叙述口吻轻松自如、明白晓畅，既适应讲唱文学的规律，又符合故事本身的特征。再看人物的语言：

> 本宅众亲簇拥新人到了堂前，朝西立定。先生曰："请新人转身向东，今日福禄喜神在东。"翠莲便道：
>
> > "才向西来又向东，休将新妇便牵笼。转来转去无

定相，恼得心头火气冲。不知那个是妈妈？不知那个是
公公？诸亲九眷闹丛丛，姑娘小叔乱哄哄。红纸牌儿在
当中，点着几对满堂红。我家公婆又未死，如何点盏随
身灯？"

这种人物的语言更是无遮无拦、极有个性，表现
出李翠莲心直口快，全然不把封建礼法放在眼里
的反抗精神。

总之，无论是在思想内容还是在艺术形式
上，宋代的"话本"都最大限度地汲取了唐代
"变文"和"传奇"中有价值的成分，并扬弃其
宗教的愚昧和文人的迂腐，从而为明清时代市民
文学的发展铺平了道路。

舞榭、歌台中的
杂剧、南戏

就在瓦子、勾栏里不断产生出以平
话和小说为代表的民间文学的同时，
舞榭、歌台中也不断涌现出以杂剧
和南戏为代表的戏曲艺术。

中国的戏曲艺术出现得比较晚，而宋、金时代的杂剧是在唐代歌舞戏和参军戏的基础上发展起来的。唐代的歌舞戏，是一种以舞蹈语言来叙述故事情节的戏剧雏形，如《苏中郎》《踏摇娘》等。从内容上讲，这些作品有人物、有情节、有简单的戏剧冲突和粗略的故事情节；从形式上讲，这些作品有歌、有舞、有念白、有武打，具备了戏曲艺术的主要表现手段；从角色上讲，这些作品中有类似丑角的醉汉，也有类似旦角的妇女，初步具备了角色行当的分工。唐代的参军戏，是一种以讽刺为主的喜剧艺术的雏形，如《三教论衡》等。关于其名字的由来，有两种解释方法：一种意见认为，此戏最初是皇帝命优人来戏弄贪官的，由于贪官的职务为参军，故而叫做"参军戏"；另一种意见则认为，由于开元皇帝曾赐优戏演员李仙鹤享受参军待遇，故而由他所创始的这类戏曲便被称作"参军戏"。从内容上看，这类作品有人物、有情节、有简单的戏剧冲突和粗略的故事情节，与歌舞戏相仿佛；从形式上看，这类作品以调笑的语言和滑稽的动作为主，有时也配以歌唱和舞蹈；从角色上看，这类作品一般有两类固定的角色，其中被嘲弄的对象叫做"参军"，嘲弄者称作"苍鹘"。一般认为，中国戏曲的角色分工，就是从这里开始的。

在唐代戏曲萌芽的基础上，宋、金时代的杂剧也滋生出两瓣嫩嫩的叶片，一者是以音乐和舞蹈为主要表现手段的歌舞戏，一者是以对白和动作为主要表现手段的滑稽戏。遗憾的是，无论前者还是后者，都没有剧本传之于世。我们所能见到的，只是周密《武林旧事》卷十中所录的"官本杂剧段数"280本和陶宗仪《辍耕录》卷二十所录的"院本名目"713本。仅从这些存目中，我们还很难得知当时杂剧艺术的详细情况，只能作大致的推断。"官本杂剧段数"中的目录有几乎一半涉及大曲和词调的名目，估计有较强的音乐成分，应属于歌舞戏一类，如"崔护六幺""莺莺六幺""闹五伯伊州""裴少俊伊州""病爷老剑器""霸王剑器""打地铺逍遥乐""病郑逍遥乐""三姐黄莺儿""卖衣黄莺儿"等。这其中的"六幺""伊州""剑器"都是曲调的名字，"逍遥乐""黄莺儿"则是词调的名字，它们所标明的是这些杂剧的音乐形式；而"崔护""莺莺""裴少俊""霸王""三姐""病郑""病爷老""闹五伯""打地铺""卖衣"等，则或为人物的名字，或为故事的名字，它们所标明的是这些杂剧的文学内容。我们知道，唐代流传下来的大曲是一种形式复杂的歌舞体式，一般包括"散曲""歌""破"三个组成部分，每一部分又可分若干段落。用这种复杂的音乐形式来配合复杂的文学内容，是宋人的一个创造，它显然比唐代的歌舞戏更为丰富。而音乐与文学二者的结合，便有了综合艺术——戏曲的性质。然而，需要指出的是，这种新型的综合艺术虽具有戏剧的性质，但与今天的"戏曲"还有着相当大的距离。王国维《宋元戏曲史》就曾认为："现存大曲，皆为叙事体，而非代言体，即有故事，要亦为歌舞戏之一种，未足以当戏曲之名也。"与之不同的是，"官本杂剧段数"中还有许多没有曲名的篇目，如《调笑驴儿》《三教闹著棋》《三借窑货儿》《双厥投拜》《双卖姐》《风流药》等，估计可能是滑稽戏一类。我们知道，唐代的参军戏一般只有"参军"和"苍鹘"两个角色，"院本则五人。一曰副净，古谓之参军；一曰副末，古谓之苍鹘，鹘能击禽，末可打副净，故云；一曰引戏；一曰求泥；一曰装孤。"（《辍耕录》卷二十五）这种角色的增多，显然比唐代的参军戏增添了艺术的表现能力。更为重要的是，尽管在每部具体的作品中，这五个角色未必全部出场，但他们的分工显然已是代言体而非叙述体了。

从演出环境上讲，宋、金时代的杂剧并不仅限于瓦子、勾栏，而常常是宫廷贵族宴请宾客、饮酒助兴时所不可缺少的节目。《都城纪胜》记载，当时的教坊十三部，"唯以杂剧为正色"；而《武林旧事》称其为"官本杂剧"，亦说明这一艺术在上流社会的风行。从艺术功能上讲，这种源自优人、弄臣的杂剧艺术显然有插科打诨、释恨佐欢的娱乐功能，但也不乏讽刺劝诫、惩恶扬善之政治功效。《梦粱录》卷二十说它"大抵全以故事，务在滑稽，唱念应对通遍。此本是鉴戒，又隐于谏净"，大概是抓住了问题的关键。《桯史》卷七曾有这样一段记载：

> 秦桧以绍兴十五年四月丙子朔，赐第望仙桥。丁丑，赐银绢万匹两，钱千万，彩千缣，有诏就第赐燕，假以教坊优伶，宰执咸与。中席，优长诵致语，退，有参军前，褒桧功德。一伶以荷叶交椅从之，恢语杂至，宾欢既洽，参军方拱揖谢，将就椅，忽堕其幞头，乃总发为髻，如行伍之巾，后有大巾环，为双叠胜。伶指而问曰："此何环？"曰："二胜环。"遽以朴击其首曰："尔但坐太师交椅，请取银绢例物，此环掉脑后可也！"一坐失色，桧怒，明日下伶于狱，有死者。

"二胜环"与"二圣还"谐音，演戏的优伶借此来指责卖国求荣的权奸秦桧只知饱食俸禄，而将收复中原、迎还二圣的民族大业丢到脑后。这种谏诤方式，显然是发挥了参军戏源于讽刺的喜剧传统。只是在国难当头的危急时刻，变无伤大雅的"隐谏"为不畏强权的"明诤"，表现出宋、金杂剧的战斗精神。

从现存曲目来看，宋、金杂剧的内容相当驳杂：有借历史题材而慷慨悲歌者，如《霸王剑器》《霸王中和乐》等；有借儿女情长而述悲欢离合者，如《莺莺六幺》《柳毅大圣乐》等；有借神仙道术而鼓吹宗教迷信者，如《慕道六幺》《塑金刚大圣乐》等；有借忠臣烈女而弘扬伦理道德者，如《义养娘延寿乐》《列女降黄龙》等；有借人情世故而揭露世态炎凉者，如《简帖薄媚》《三献身》等；有借奇闻逸事而调笑逗乐者，如《调笑驴儿》《风流药》等；更多的内容则因曲名含混而不可索解。从这一意义上讲，所谓杂剧之"杂"当有两重含义：就形式而言，它是诸色歌舞混杂一体的产物；就内容而论，它是多种题材错综交汇的产物。

南宋以后，与杂剧并行的还有南戏。南戏发源于古称永嘉的温州地区，所以又叫"温州杂剧"或"永嘉杂剧"。此戏突破了原有杂剧的限制：在文学内容方面日趋复杂，使剧情更曲折、动人、富有吸引力；在艺术形式方面也日渐丰富，既有唱、念、做、舞的表现手段，又有生、旦、净、末、丑、外、贴的角色分工，从而对元杂剧和明传奇产生了深远的影响。据钱南扬《戏文概论》搜集，现存"宋元南戏"名目有238种，其中绝大部分难以考定其具体的创作年代，只有《张协状元》及《赵贞女蔡二郎》《王

魁》《王焕》《乐昌分镜》五部可以断为是南宋的
作品。而且这五部多为残篇，只有《张协状元》
一部完整地保存了下来。

与杂剧的创作环境不同，南戏主要在民间流
传，属于"下里巴人"的艺术，因而也更具市
民色彩；与杂剧的艺术特征不同，南戏的长处不
在于讽刺、批评，而在于叙事、抒情。与同时代
的平话、小说、杂剧一样，现存的几部南戏所表
现的主题无非有二：一是通过国破家亡的历史变
故而申述广大民众的不幸遭遇，有着民族主义的
爱国情绪；一是通过悲欢离合的爱情生活来申
述广大妇女的不幸遭遇，有着男女平等的市民理
想。前者如《乐昌分镜》，借助南朝陈亡之际乐
昌公主与丈夫在战乱中流离失所而又破镜重圆的
故事，来表达遭受女真族侵略的南宋人民反对战
争、渴望和平的美好愿望；后者如《张协状元》，
通过书生张协一登龙门便绝情休妻的故事，表达
了理学压迫下的广大妇女反抗男权专制、渴望婚
姻幸福的正当要求。

除了平话、小说和杂剧、南戏之外，介于
文学和戏曲之间的讲唱艺术在这一时期也种类

众多、颇为繁盛。这其中有反复使用一个词调演唱的鼓子词，有只唱不说的赚词，而成就最大、水平最高的，当属以《西厢记》为代表的诸宫调。作为一部文学作品的改编者，金人董解元不仅将唐人元稹在四百年前创造的仅有几千字的《莺莺传》扩充为长达五万字的《西厢记》，而且使之在内容和形式方面都有了质的飞跃。在思想内容方面，作为封建士大夫的元稹，是以否定性的态度来处理"崔张悲剧"的。为此，他将崔莺莺描写成一个有"自献之羞"的"尤物"，将张生刻画成一个"善补过"的才子。而作为蔑视礼法的下层文人，董解元是以肯定性的态度来处理"崔张爱情"的，他不仅赞扬了崔莺莺追求性爱自由的合法性，而且也改变了张生"始乱终弃"的行为方式。为了突出作品反抗封建礼教的进步主题，他还把原作中并不突出的老夫人刻画成阻碍崔张婚姻的封建家长，把原作中并不重要的红娘描写成促成崔张爱情的关键人物。这样一来，全部作品中的人物便形成了相互对立的两大阵营：一方是强调门当户对、主张包办婚姻的封建家长，一面是主张情感至上、争取婚姻自由的青年男女，他们之间的冲突既推动了情节的发展，又深化了作品的主题。在艺术形式方面，董解元凭借宋人孔三传所创立的诸宫调这一新的形式，突破了唐代大曲只限于同一宫调的音乐结构，根据不同人物的性格和不同情节的发展需要，使用不同宫调的曲子来组成一套叙事歌曲，加之其文词优美、格调典雅，从而将唐代变文以来的讲唱文学推向了一个新的高峰。

　　由于南方经济的发达、封建文化的成熟和赵宋皇家的提倡，偏安一隅的南宋在绘画方面并不比北宋逊色多少，仅元代夏文彦的《图绘宝鉴》一书中提到的南宋画家就有四百余人，足见其风光犹在。

　　从创作主体的角度分析，我们仍可将南宋画家分为宫廷画家、文人画家、民间画家三大群体。与北宋相比，南宋的宫廷画家继承了工笔写实的创作传统，并在花鸟画的构图、山水画的意境方面有了新的发展。这其中既有由北宋画院逃到南方的苏汉臣、杨士贤、刘宗古等旧人，也有在南方选拔、培养起来的马兴祖、马公显、贾师古、庄宗古、阎次平、萧照、林椿、吴炳、李迪、李嵩、梁楷等新秀，尤其是出现了与老画家李唐并称为"山水四大家"的刘松年、马远、夏圭，开创了"残山剩水"的一代新风，从而对这一时期的绘画创作形成了主导性的推动作用。南宋的文人画家中既有米友人、江参、赵伯驹、赵伯骕、扬无咎、汤正仲、陈容、牟益、赵孟坚等士子，亦有梵隆、法常等僧侣，他们继承了水墨写意的创作传统，率性而发，不拘常法，虽然在理论的首创方面比不上苏轼诸家，在技法的高超方面也难以同王诜等人相媲美，但在诗、书、画融合的技巧上，在忌甜腻、尚生拙、求洒脱的境界上，都使得文人画的风格更加成熟，尤其是他们对竹、石、梅、兰、水仙等创作题材的开拓，为以后的文人士子借助松、竹、梅、兰来抒写怀抱的创作开辟了新的途径，为元代文人画取代院体画的地位埋下了伏笔。各种记载表明，南宋的民间画家数量很大，但在成就上并未出现郭熙、崔白那样从民间进入画院，并能左右一代风尚的名家；在风格上也渐渐失去独立的个性，更多地追随于院体；除李东等少数名家的作品之外，有不少混杂于无款院体画中，至今难以分辨。如此说来，上述三派画家的风格实则只有两种：一是以宫廷画师为主，民间艺人为辅的职业画家，他们以细腻、典雅、写实作为自己的美学追求；二是以文人士子为主、部分僧侣为辅的业余画家，他们以洒脱、自然、写意作为自己的美学追求。然而无论前者还是后者，其主导方向都不是向着粗犷、豪放，而是朝着文秀、雅致方向发展的，这既是封建社会后期的时代精神使然，也是北宋绘画发展惯性的结果。

从审美文化自身发展的轨迹来看，南宋的绘画艺术是沿着北宋的余绪，朝着温柔细致、典雅含蓄的方向演进的。然而，战争作为一种外在的力量也在某种程度上影响了艺术自身的发展规律。尽管赵宋王朝再次以妥协、苟合的方式获得了偏安江南的稳定局面，但是由"靖

康之耻"所引发的民族危机，不得不在艺术创
作中流露出几分含冤受辱的愤懑和凄楚哀婉的
遗恨。或许，这种现实的愤懑和遗恨在人物画、
花鸟画、山水画等不同题材中有着由近及远、
由浓渐淡的不同表现方式，可无论如何，这种
特定的社会情绪同封建社会后期偏于内敛、含
蓄的美学趣味融为一体，便共同构成了南宋绘
画艺术的美学特色。

"衔冤含恨"的人物画　　如果仅从艺术角度上讲，南宋人物
画似不及山水、花鸟画的成就高，
但它却以较为直接的方式体现了那
个时代爱国主义的民族情绪。说它
以"较为直接的方式"，显然是有所保留的。按
理说，抗金复国、迎还二圣，本来是名正言顺、
理直气壮的事情，但在那个以投降派占据主导地
位的南宋王朝，却又有着难言之隐。这种难言之
隐，最为集中地表现在李唐的《采薇图》（018）

018 李唐《采薇图》

画面上的两个人物对坐在山间树下，没有过多的动作，也没有过多的渲染，但其憔悴的面色、幽愤的神情已足以表明了一种衔冤含恨、视死如归的决心和勇气。粗看上去，这似乎不如鏖战的场面壮怀激烈；细细品味，却又比厮杀的场景更为感人。

中。该图并不直接描写当时的抗金斗争，而是借助于伯夷、叔齐不食周粟、饿死在首阳山上的历史故事，来表达不在异族统治下苟活的决心。事实上，这种深沉的甚至隐晦的处理方式，不仅开了南宋爱国主义绘画的先河，而且也为后来的作品确立了一个基本的格调。

　　传为萧照的《中兴瑞应图》是一组具有叙事功能的连环插图，全图共分12段，分别列述了高宗赵构从出生经磨难、到梦见钦宗以黄袍加诸其身的成长过程，其中附会着种种祥瑞的"征兆"。同小说、讲史中的类似主题一样，在北宋灭亡之后，神化南宋的开国君主，不能不说是具有重要意义的。这意义已大大超出了高宗本人的德行和品质，而有着重新论证南宋王朝的正统地位，并以此来凝聚国人的爱国主义功能。此类题材的作品还有李唐的《晋文公复国图》，显然是用晋公子重耳复国当政、重振国威的故事来隐喻高宗赵构，并对其寄予了无限的希望。问题在于，这位靠敌人掳走其父兄才侥幸登上皇帝宝座的"真命天子"，并不是什么文武全才的"中兴君主"，而恰恰是南宋伊始一系列投降、卖国奸臣的总后台。或许是出于个人地位的考虑，他表面上也主张恢复中原、统一国土，而骨子里则最最厌恶那个复仇雪耻、迎还二圣的口号。因此，南宋王朝确立不久，他便与秦桧等人合谋，暗中打击和迫害抗金爱国的仁人志士，致使李纲被贬、赵鼎绝食身亡、岳飞冤死狱中。他还置民族利益于不顾，恬不知耻地同女真统治者签订了卖国求荣的"绍兴和议"，向金称臣献贡。这种现状不可避免地为南宋爱国题材的绘画艺术蒙上了一层阴影，画家们甚至不得不采取一些艺术策略以获得"爱国的合法性"。就是在这幅《中兴瑞应图》中，作者一方面为高宗皇帝歌功颂德，一方面也抨击了卖国求荣的贪官污吏。例如，该图第六段描写赵构出使金国求和，至磁州为群众拦阻，愤怒的群众举棒痛打卖国求荣的副使王云，而赵构则在群众的掩护下得以南逃。事实上，赵构与王云乃是一路货色，而画面的处理方式显然有着独特的用心。

正是由于上述原因，整个南宋的绘画作品中，虽然也有传为刘松年的《中兴四将图》等直接描写岳飞等爱国志士的作品流布于世，而更多的作品则不得不采取借古喻今等隐晦曲折的方式。例如，作者不详的《望贤迎驾图》，不去直接摹写现实生活，而是借"安史之乱"以后唐肃宗在咸阳望贤驿迎接由四川归来的唐玄宗的历史故事，来表达收复中原、迎还二圣的爱国理想。而《折槛图》和《却坐图》则借助汉代忠臣冒死进谏的故事来隐喻当时的爱国志士在朝中的艰难处境。

在当时的历史条件下，南方的人民衔冤含恨，北方的民众更是忍辱负重。金人张瑀的《文姬归汉图》借助汉末文学家蔡邕之女在战乱中被匈奴掳走、12 年后重归故里的故事，表露出广大沦陷区民众渴望恢复原有文化和正常生活的热切愿望。这一题材在当时曾被广泛运用，可见其具有普遍的社会意义。

"残山剩水"的山水画

人物画更多地受人文环境的影响，山水画更多地受自然条件的制约。北宋时期，大多数山水画家描写的是黄河流域的自然景色，面对着北方的高山大川，画家们挥毫也便多了几分雄健壮阔的气势；南渡之后，著名画家主要集中在江浙一带，面对着江南的秀丽景色，画家笔下的山水也不能不随之发生变化。随着这一变化的深入，一种新的审美风尚也便自然而然地展现出来，其最为典型者，便是著名的"山水四大家"。

作为"山水四大家"之首的李唐，原为徽宗时期的画院待诏，"靖康之变"以后，他虽年近 80，却仍然跋山涉水来到临安，于建炎年间重入画院。而他在不同时期的山水作品，恰恰反映了由北而南的风格变换。北宋时期，他的作品融会了荆浩的险峻和范宽的厚重，山石瘦硬，林木茂密，表现出北方山水的峭拔雄浑。南宋以后，他将老硬的皴法化为淋漓的笔触，将干涩的多层积累代之以简略的皴擦渲染，以此来表现云山雾罩、水天苍茫的江南景色。对此，如果我们将其前期的《万壑松风图》和后期的《清溪渔隐图》加以对比的话，就可以清楚地看到其中的变化。

继李唐之后，光宗时代的画院待诏刘松年进一步体现了江南山水的美学特色。这位南宋画院自己培养起来的一代新秀，自幼生活在钱塘江畔，每日饱览着水乡景色，其笔下的风物也便有着一种天然的秀美和清新。在技法上，他将李唐的皴法变得细碎，更加适于表现园林的曲折和枝叶的飘逸，从而脱尽李唐画中残存的山野自然之风和浑厚苍劲之气。其代表作品

《**四景山水**》(彩图 10)以春、夏、秋、冬四季的景色表现西湖地区的园林别墅,在构图上也将李唐的"全景山水"演变为"小景山水",显得更加清丽、雅驯、灵动、优美,被誉为"画院人中绝品"。

如果说李唐开始了由北及南的画风转变,刘松年确立了南方山水的基本风貌,那么接下来的马远、夏圭则在此基础上进行了更加深入的美学探索。作为光宗、宁宗和宁宗、理宗时代的画院待诏,马远和夏圭纷纷打破了山水绘画的传统格式,即将李唐的"全景山水"、刘松年的"小景山水"演变为"残景山水":故意避开一览无余、开门见山的构图方法,而在整个画面的一角、半边上大做文章,以期制造出某种以无为有、虚实相生的美学效果,遂有"马一角""夏半边"之称。今存马远的山水画有《雪图》《水图》《寒江独钓图》等,现以《**踏歌行图**》(彩图 11)论之:该图将一瘦硬峭拔的山峰置于画面的一角,以富有质感的实笔描绘近处的山石树木,以清淡简略的虚笔勾勒远处的云雾峰峦,整个构图完整而又疏朗,留出大片的空白给人以想象的空间。今存夏圭的山水作品有《溪山清远图》《江山佳胜图》《西湖柳艇图》《梧竹溪堂图》《烟岫林居图》《松崖客话图》《观瀑图》及《山水十二景》中的四段等，现以《**松溪泛舟图**》（彩图 12）论之：该图将近景中摇曳的松树和中景处泛江的小船统统置于画面的下半边，寥寥数笔，只为传神，而将整整一半的篇幅留给远景处无须着笔的江面和天空，给人以计白当黑、回味无穷的美感。不难看出，精心的剪裁、大胆的构图，是马远、夏圭的共同追求。这一追求不仅打破了传统绘画的构图方式，而且引发了审美心理上由繁及简、由实及虚的重大变迁，遂有"马夏画派"的合称。但在具体的艺术风格上，二者亦各具特色：马画皴笔严谨、设色清丽，以典雅高贵取胜；夏画用墨随意、下笔自然，以萧散疏野见长，故有"一文一武"之称。

其实，除了自然环境的变化之外，导致山水画风转变的原因还有两个。一是艺术发展自身的需要，二是社会心态变化的需要。就前者而言，北宋时期的山水画家已用写实的方法将各种可能发挥得淋漓尽致，遂有李成之遒劲、范宽之博大、郭熙之雄浑、王诜之幽深、燕文贵之缜密、王希孟之旷远……因此，南宋的山水画家要想有新的贡献，就必须改弦易辙，从写意的方面入手，在构图的精巧、用笔的简练、意境的营造方面寻求新的突破。王世贞《艺苑卮言》云："山水，大小李一变也，荆、关、董、巨一变也，李成、范宽又一变也，刘、李、马、夏又一变也。"而不断的更新与变化，则正是艺术发展的规律所在。就后者而言，艺术实践不仅受内部规律的制约，也要受外部环境的影响。我们知道，自然环境的南北差异是自古即有的，早在五代的荆浩、关全和董源、巨然那里，就有"北水""南山"之别，但是这种差别在当时还仅仅体现在阳刚之美与阴柔之韵的差异上，并没有像李、刘、马、夏那样变得如此极端。因此，早有学者不无理由地认为，仅从江南山水的自然特征入手来解释南宋绘画之美学特色的做法是远远不够的，还应寻求社会因素等更多方面的理由和根据。如此说来，绘画上的风格演变是在自觉或不自觉地隐喻着社会上的沧海桑田，如果政治上没有出现"半

壁江山"的历史局面，艺术上能够出现如此之多
的"残山剩水"吗？

"折枝碎叶"的花鸟画

就在宫廷画家在山水题材中不断开拓的同时，文人画家在花鸟题材上也有了新的发展。如果说人物画偏重于反映一个时代的政治风貌，山水画偏重于反映人们生活的自然环境，古代的花鸟画则常常会成为画家本人修养、品格的象征。正因如此，这一题材才尤为引起文人士大夫的广泛关注。在《图绘宝鉴》记载的百余名南宋文人画家中，能画花鸟画的就有近六十人，出现了扬无咎、徐禹公、汤正仲、赵孟坚、法常、郑思肖等花鸟名家。

自北宋的苏轼、米芾倡导诗画兼容，并以此来抒写情趣、张扬个性以来，绘画的表现功能日益彰显出来。沿着这条道路，南宋的画家进一步汲取了诗歌创作中观物比德、拟人比兴等方法，

在诸多的花鸟景物中选择了松、竹、梅、兰、水仙等具有象征意义的题材，来表达自我、彰显个性。然而由于社会的差异、心境的不同，使得南宋的文人不再像北宋那样，追求一种痛快淋漓、潇洒豪放的画境，而是借风中之兰、雪中之梅来表达一种逆境之中卓尔不群的品格、坚贞不屈的操守。

据记载，以墨画梅始于北宋末年衡山华光寺的僧仲仁，他的弟子扬无咎因不满秦桧的卖国行为而多次拒绝做官，并以松石、水仙抒写怀抱，尤以画梅见长。他将其老师浓墨染花的技法改变为淡墨白描，更好地体现了梅花的清丽之态，被誉为"华光后一人"。由于他的创作多取材于山间水滨的野梅，有荒凉之感，无富贵之相，遂与院体画家笔下的"宫梅"形成了巨大的反差。传说高宗皇帝曾将他的作品贬为"村梅"，他则索性自题为"奉敕村梅"，表现出倔强不屈的艺术个性。今存扬无咎的名作有《**雪梅图**》（彩图 13）、《**孤竹图**》等，从其"雪梅""孤竹"之名中已不难发现作者于逆境中洁身自好、孤芳自赏的文人心态，而其

画面也确实呈现出一种疏枝冷蕊、傲然挺立的
艺术形象。他的代表作《四梅图》为纸本水墨
长卷，以淡墨画花、浓墨点蕊、焦墨涂枝等技
法将梅之未开、欲开、盛开、凋谢四种状态传
摹得惟妙惟肖、栩栩如生，标志着画梅艺术的
成熟。扬无咎还精通书法和诗词，与其绘画一
起被人们合称为"逃禅三绝"。《四梅图》后有
自书《柳梢青》词四阕，词、书、画俱佳，集
"三绝"为一体，充分显示了文人画所特有的
综合艺术修养。

扬无咎的绘画虽然得不到皇室贵族的欣赏，
但在文人士大夫中却引起了广泛的共鸣，他的
侄子扬季衡、外甥汤正仲、同乡刘梦良、弟子徐
禹公等人纷纷追随他的创作，形成了一个以画水
墨花竹为特征的"江西画派"。遗憾的是，该派
的作品多已遗失，唯有徐禹公的《雪中梅竹图》
（彩图 14）保存了下来。

传说扬无咎已开始用水墨画兰花、水仙，
但目前所能见到的最早的作品却出自赵孟坚之
手。赵孟坚虽为宋太祖的十一世孙，但在考取
进士后却未能平步青云。他收藏广博、学养深

厚，著有《彝斋文编》四卷、《自书诗卷》二卷、《梅竹诗谱》一卷，是兼贵族、文人、士子三位一体的著名画家。《**墨兰图**》（019）是他的代表作品。或许是出于对故国的情思，或许是出自对故土的留恋，就连移入浙西的兰花也改变了往常的生长习性，以"一岁才发一两茎"的姿态显示了自身的气节。此花此草，怎能不使那些在金人统治下如鱼得水的汉族官吏感到汗颜呢？除却《墨兰图》《水仙图》之外，赵孟坚还有《岁寒三友图》，其将松、竹、梅三种具有象征意味的植物描绘在

该图将两株兰花置于荒郊野岭之中，以疏放自然的笔法、一挥而就的气势，画出了兰花在疾风中飒飒飘动的身影，画中的自题诗句云："六月衡湘着色蒸，幽香一喷冰人清。曾将移入浙西种，一岁才发一两茎。"

019　赵孟坚《墨兰图》

同一张画面上的做法对元代以后的文人画产生了深远的影响。

　　与文人画不同，这一时期的宫廷花鸟画基本上承袭了北宋宣和年间的写实作风，工整艳丽有余，风神气韵不足，没有什么重要的进步。只是受"马一角""夏半边"等山水画的影响，院体花鸟的构图形式也出现了一些变化：全景大幅的轴卷画渐少，残景小幅的装饰画增多。画面常取"折枝碎叶"来营造一种氛围，与山水画中的"残山剩水"遥相呼应。这其中值得一提的是嘉泰年间的梁楷，他虽任画院待诏，但却性情磊落，有文人的习性。据说他曾将皇帝赐予的金带挂在院内，不受而去，表现出独立不依、放荡不羁的品格，故有"梁风子"之称。今存梁楷的《**秋柳双鸦图**》（020）可谓这一时期宫廷花鸟画的极品。

　　与山水、花鸟画相并行，这一时期描写房屋的"界画"也不再具有北宋《清明上河图》那样全景俯瞰式的气度，而同"残山剩水""折枝碎叶"一样，着重经营一亭一阁、一檐一角，给人以想象的空间、回味的余地。

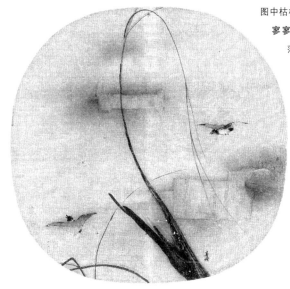

图中枯枝残柳，双鸦环飞，仅用寥寥数笔，便将一幅秋色迷茫、暮气沉重的江南景色烘托而出，给人以无穷的回味、无尽的遐想。

020　梁楷《秋柳双鸦图》

"截膝断臂"的雕塑

就在南宋的绘画艺术不断发现残缺美、含蓄美、人格美的同时，此一时期的雕塑艺术则朝着精致化、世俗化、戏剧化的方向努力。战争的结果，使北方大部分寺院和龛窟沦入文明水准相对落后的金人手中，因而未能有新的、引人注目的成就，佛教雕塑的重心于是便转移到了四川盆

地，其中以大足和安岳两地的造像延续时间最
长，数量最多，成就最大。

早在汉代张骞出使西域之前，四川即与印
度有着文化上的往来，佛教造像源远流长。在
宋代特殊的历史环境下，宗教思想发生了一些
新的变化。从外部环境看，儒、释、道三教合
流的观点已为人们广泛接受；从内部的佛教派
别来看，原有的宗派在不断地分化瓦解或重新
组合，密宗、禅宗、华严宗、净土宗的影响越
来越大。而华严祖觉、禅宗克勤、密宗赵智凤
都是四川的名僧，对当地的造像艺术有着重要
的影响。"靖康之乱"以后，四川成为抗金的大
后方，并以其优越的自然环境和经济条件保持
着文化、艺术上的优势。在这种情况下，大足
石刻进入了历史上的黄金时代。

若仅以中国佛教的石刻艺术而论，有人将山
西云冈视为早期的代表，河南龙门视为中期的
代表，四川大足则为晚期的代表，可见其地位之
重要。今存大足石刻共有造像五万余身，分布在
四十余处，其中尤以北山、宝顶山的摩崖造像成
就最高，它们集中反映了晚唐、五代至南宋时期

石窟雕塑艺术发展的风貌。

　　从艺术风格来看，这一时期的雕塑在格局和气势上已无法同初、盛唐时代相比肩，但在精细和典雅上却有过之而无不及。因此，大足石刻的精华并不在显露部分长达31米的宝顶卧佛，而在宽4米、高4.2米、深6.7米的北山转轮经藏窟。因为前者在体量上不能与乐山大佛相提并论，在艺术上不能与龙门卢舍那佛相媲美，在雕塑史上并无特殊的地位；后者则以其优美的线条、典雅的造型而堪称雕塑史上的上乘之作。首先，该窟的构造颇具匠心：在平顶长方形的洞窟中心设有一石刻的"转轮经藏"，经藏的底部为须弥座，座身中段刻有一大蟠龙，座上围一圈栏杆，刻有50个嬉戏的儿童，神态活泼可爱，上部有八根盘龙石柱，龙柱上顶八角飞檐，直托洞顶，既起到了力学上的支撑作用，本身又是一幅绝妙的艺术精品。围绕着"转轮经藏"分布着各种造像，正壁刻释迦牟尼端坐莲台，左右立迦叶、阿难及观音、大势至菩萨。右壁自内而外为**普贤菩萨**（021）、**日月观音**（彩图15）、数珠手观音，左壁自内而外为**文殊菩萨**（022）、**玉印观**

021、022、023 大足北山"转轮经藏"：普贤菩萨、文殊菩萨、玉印观音

音（023）、白衣观音，窟口两侧各立一力士。各组雕像既可以独立成龛，又浑然一体，相互衬映。其次，龛窟不仅布局合理，而且造型别致，虽然造像以菩萨为主，但每尊雕像或站或坐，或骑狮或跨象，或手擎日月或凝眸入定，从姿态到举止再到神情，都各具特征而绝不雷同。最后，该窟雕塑的精致程度可谓世所罕见，不仅主尊释迦牟尼和八位菩萨个个精美，就连金刚力士、诸

佛弟子以及十余位供养人的造像也都一丝不苟、栩栩如生。在风格上，这组雕塑已完全脱尽西域造像强调身段和肌肤的感官特点，而注重面容、体态和服饰的细节；在技法上也更加注重线的表现力度，强调线与面的结合，因而更具中国雕塑的本土特征。很难说这其中的哪尊雕像可以同龙门的卢舍那大佛相提并论，但放在一起却足以代表宋代雕塑的最高水平。窟内的石壁上尚存绍兴十二至十五年题记五则，可以断定是南宋初期的作品。

在精致化的同时，自北宋即已开始的世俗化倾向在大足石刻中也得到了充分的体现。从根本上说，佛窟塑像世俗化的倾向是与佛教本身本土化的进程相一致的。晚唐五代以来，儒、释、道变三足鼎立为三教合流，而儒家的家族血缘观念和道教的现世享乐精神便不可避免地使彼岸世界的超验佛陀向此岸世界的生活内容靠拢。在新译印度密教传入，佛教诸派融汇，儒、释、道三教合流的高潮中，一些寺院不仅主张吃斋、念佛，而且允许蓄发、娶妻。"绍兴年间浙江下层群众中盛行的'白云宗'和'白莲教'，主张综合一切大乘佛法的西藏迦当派，以及主张'存天理，灭人欲'，宣扬三纲五常，孝亲忠君的理学，可能对绍兴年间川东南一带造像的题材内容和密宗教徒赵智凤所持教理产生影响。"[1] 从某种意义上讲，大足石刻的题材可说是前所未有的大杂烩。在这里，我们不仅可以看到南山"三清窟"中道教的原始天尊、灵宝天尊、道德天尊的形象，可以在石门山看到"三皇洞造像""五通大帝"，在舒成岩看到"玉皇大帝"，而且可以看到将释迦、老君、孔子三龛并列的局面。宝顶的"牧牛道场"以牛比心，用牧人驯牛的过程来隐喻佛教的参禅境界，遂分为未牧（心性蠢犟）、初调（以绳牵引）、受制（挥鞭令服）、回首（遇虎无惧）、驯服（导饮清泉）、无碍（心心相印）、任运（驯势如教）、相忘（物我两忘）、独照（自然适性）、双眠（知空自在）等十组高浮雕；而宝顶的"父母恩重经变图"中层则根据唐人所撰《佛说父母恩重经》雕刻出佛前求子、怀胎守护、临产受苦、生子忘忧、咽苦吐甘、推干就湿、哺乳不尽、洗涤不净、为造恶业、远行忆

024　大足宝顶"地狱变相"（局部）

念等一系列造像。如果说前者还仅是以生活的内容来解说佛法，那么后者则是假借佛经来演义儒教了。然而无论前者还是后者，都表现出极为浓郁的生活内容。这类作品在大足石刻中随处可见，虽少了几分宗教信仰的肃穆和威严，却多了几分世俗生活的亲切与平易。这其中，**"宝顶地狱变相"**（024）中的**"养鸡女"**（025）和"大方便佛报恩经变相"中的"吹笛女"，都是南宋时期的艺术杰作。

如果说佛窟艺术的世俗化倾向与西域佛教的本土化进程相一致，那么造像艺术的戏剧化特征则与宗教信仰的下移相同步。我们知道，为了吸引更多的善男信女，敦煌莫高窟中已绘有了大量的经变壁画。受此影响，唐代的变文也具有曲折的故事情节和戏剧性的矛盾冲突。而到了以南宋为主的大足石刻中，在密宗、禅宗的影响下，不仅原有的经变故事以雕塑的形式展现出来，而且一些杂糅儒、道，并大量吸收民间信仰的佛教故事也以类似连环画的形式雕刻成一组组高浮雕，向世人演说着善有善报、恶有恶报的宗教戒律。从艺术上讲，这些作品算不上精致，但却以其特

025 养鸡女（大足宝顶）

有的戏剧性冲突吸引着文化不高的下层民众，同时也在客观上扩大了古代雕塑的表现能力。以南宋宝顶的"地狱变相"为例，该龛除十方诸佛、地藏和冥府十王外，还详尽刻画了十八层地狱的悲惨情景，表现了生前犯有不同罪孽的人在地狱中所受刀山、油锅、寒冰、拔舌、锯解、铁床、刀船、截肢等不同待遇：有的衣衫褴褛，在寒风中瑟瑟发抖；有的面目扭曲，在铡刀下挣扎哀号；有的身扛重枷，被压得喘不过气来；有的痛哭失声，诉说着冤屈和不幸……在这里，艺术家借助神学的想象能力，以夸张变形的手法，来表现戏剧性的情节和冲突，将鬼卒们的狰狞面目和受刑者的痛苦表情淋漓尽致地展示出来，令人感到惊心动魄、毛骨悚然。在以往的佛教雕塑中，艺术家大都追求的是美，是和谐，是一种类似希腊雕塑式的"高贵的单纯、静穆的伟大"；然而在这里，善与恶、美与丑、崇高与卑微、欢乐与痛苦，以极富张力的形式出现在同一幅画面之中，因而给人们带来的感受也不再是单纯的、舒缓的、不含痛感的，而是复杂的、强烈的、充满矛盾的了。

在上述文字中，我们已经从信仰下移的历史需要中解释了这类"截膝断臂"的佛教雕塑产生的原因，但是如果我们将它们与南宋时期"残山剩水"的山水画、"折枝碎叶"的花鸟画放在一起观察，或许还可以发现一些深层的奥秘。在盛唐的视觉艺术已经发展到了一个难以逾越的高峰之后，晚唐五代直至北宋时期所采取的在对象之外寻求意韵的努力在某种程度上被动荡不安的社会局面所打破，在内忧外患的双重压力面前，痛苦不安的南宋艺术家们不得不在更为狭窄、更为极端的形式中发泄自己的郁闷、寄托自己的哀思、发挥自己的个性、展现自己的才华。于是才有了"衔冤含恨"的人物画、"残山剩水"的山水画、"折枝碎叶"的花鸟画，以及"截膝断臂"的佛教雕塑了。

"云乍起，远山遮尽，晚风还作" 绘画、雕塑

〔1〕 李巳生《四川石窟雕塑艺术》,《中国美术五千年》第 4 卷，第 532 页，
人民美术出版社，1991 年版。

3

『休去倚危阑，斜阳正在，烟柳断肠处』

诗词、散文

　　南宋的文学成就，以词最高，诗次之，文又次之。

　　这是一个民族矛盾和政治矛盾都十分紧迫、十分尖锐的时代，外部的军事威胁和内部的朝政腐败使得文学家们已无法关在书房里吟诗弄句，他们将艺术创作同血与火的现实斗争紧密地联系在一起，于戎马倥偬中指点江山，于刀枪剑雨中激扬文字。因此，这一时期的文学创作虽不及北宋的典雅、考究，却自有其独具的慷慨、悲凉。

根据社会生活的变化，我们可以将南宋时期的文学创作大致分为三个阶段。第一阶段主要指高宗当政和秦桧专权的南宋初期。在这对昏君、奸相的勾结下，岳飞等爱国将领被剥夺了兵权，而且惨遭迫害，致使本来有望胜利的北伐化为泡影，只被作为与金兵讨价还价的筹码，最终以丧权辱国的"绍兴和议"告终。在这个国难当头、朝政黑暗的时代里，文学创作裹携着血水与泪水，发出了愤怒的悲鸣。第二个阶段主要指孝宗当政后的"中兴"时期。为了通过作战而改变宋金的臣属关系，孝宗重新起用了一些曾因主战而遭到贬谪的军政官员，并为死去的岳飞平反昭雪，使得抗金热潮再度出现。第二次北伐的结果改"绍兴和议"为"隆兴和议"，宋不再向金称臣，岁贡也减去十万。孝宗仍不忘中原，积极备战。这一阶段可说是南宋军事上略有进取、政治上比较开明的时期，学术繁荣，教育普及，诗词创作也由单纯抗战的主题拓宽开来，出现了陆游、辛弃疾等内容丰富、题材多样的大文学家。第三个阶段主要指宁宗嘉定元年、因第三次北伐失败而被迫签订"嘉定和议"以后。这次和议改金宋的叔侄关系为伯侄关系，而且附带了大量的赔款和超额的岁贡。与此同时的朝廷政变，使比秦桧有过之而无不及的奸相史弥远从此擅权25 年，南宋王朝一蹶不振。在这种情况下，有识之士均感到绝望，一些文学家只得用诗词来释恨佐欢，重新躲进了私人的情感天地……与文学的成就高低大致同步，这一时期创作的情感类型也大致形成了一个前悲愤、中慷慨、后苍凉的峰峦结构：词曲从复兴豪放词风到复归婉约词风，诗歌也从摆脱"江西派"到复归"晚唐体"。

从张元幹、张孝祥到辛弃疾

从艺术发展的内部要求看，南宋的词曲，本应沿着北宋末年的婉约词风，朝着精致而典雅的方向继续发

展。但是，无情的战争，打破了象牙塔中的艺术
梦境，使得人们来不及在离愁别恨中吟咏私人的
情感、在风花雪月里营造美妙的意境，而只能挥
剑起舞、立马高歌。就连婉约词派的代表人物，
那位在战乱之中颠沛流离的弱女子李清照都写下
了"生当作人杰，死亦为鬼雄。至今思项羽，不
肯过江东"的《夏日绝句》，还有哪位词人再去
浅斟低唱呢？于是，岳飞的《满江红》便成了南
宋词苑中的开篇之作：

> 怒发冲冠，凭栏处、潇潇雨歇。抬望眼，仰天长
> 啸，壮怀激烈。三十功名尘与土，八千里路云和月。莫
> 等闲，白了少年头，空悲切。　靖康耻，犹未雪；臣
> 子恨，何时灭。驾长车，踏破贺兰山缺。壮志饥餐胡虏
> 肉，笑谈渴饮匈奴血。待从头，收拾旧山河，朝天阙。

这不是骚人的闲情逸致，也不是墨客的夸大其
词，它发自一个出生入死、大败强敌，差一点儿
就要挽救宋朝命运的将军之口，难怪其有披肝
沥胆之声、折金裂石之力呢！故陈廷焯在《云韶
集》中评之为"何等气概，何等志向！千载下读
之，凛凛有生气焉"。

与岳飞同时代的"四名臣"也都因抗金爱国而惨遭奸佞的迫害，并用自己的生命写下了不朽的词章，如在高宗面前指责秦桧误国而屡遭贬谪的李光的《水调歌头·过桐江》，在开封保卫战中立有战功，却因"专主议战"而获罪朝廷的李纲的《喜迁莺·晋师胜淝上》，因反对议和绝食而死的赵鼎的《满江红》，因请斩秦桧、王伦、孙近而被贬的胡铨的《好事近》等，在风格和气势上都与岳飞的作品相仿佛，在当时被人们广泛传诵。然而上述英烈还主要只是政治家、军事家，所留词曲不多。南宋初期，真正用大量作品来反映抗金斗争的爱国词人，是被誉为"词坛双璧"的张元幹和张孝祥。

张元幹早年即以诗词闻名，曾以李纲僚属的身份参加开封保卫战，并随李纲被贬而去官，后以将作监丞复职。京都沦陷后，秦桧"专意与敌解仇息兵"（《宋史·秦桧传》），张元幹不屑与奸佞同朝，辞官还乡，但仍关注现实。绍兴八年，退居福州的李纲上书反对和议，张元幹作词以示声援；与此同时，胡铨因上书奏请斩秦桧等三人而遭贬谪，后又被消除官籍，编管新州，张元幹不顾风险，作词为之壮行。这两首《贺新郎》表现了词人的民族气节，遂遭秦桧报复，张元幹被除名为民，交大理司处置。这两首《贺新郎》也给词人带来了不朽的声誉，开了南宋以来用词曲来反抗投降路线的先声，因而为千古传诵：

> 曳杖危楼去。斗垂天、沧波万顷，月流烟渚。扫尽浮云风不定，未放扁舟夜渡。宿雁落、寒芦深处。怅望关河空吊影，正人间、鼻息鸣鼍鼓。谁伴我，醉中舞？　十年一梦扬州路。倚高寒、愁生故国，气吞骄虏。要斩楼兰三尺剑，遗恨琵琶旧语。谩暗涩、铜华尘土。换取谪仙平章看，过苕溪、尚许垂纶否？风浩荡，欲飞举。

> 梦绕神州路。怅秋风、连营画角，故宫离黍。底事昆仑倾砥柱，九地黄流乱注？聚万落、千村狐兔。天意从来高难问，况人情老易悲难诉。更南浦，送君去。　凉生岸柳催残暑。耿斜河、疏星淡月，断云微度。万里江山知何处？回首对床夜语。雁不到、书成谁与？目尽青天怀今古，肯儿曹、恩怨相尔汝？举大白，听金缕。

沧海横流，方显出英雄本色。然而面对着昆仑倾倒、黄流乱注的现实，英雄却感到报国无门、请缨无路了。在投降派的阻挠和迫害下，像李纲、胡铨，以及作者本人这样的仁人志士，都会感到一种难以忍受的压抑和苦闷，他们纵有气吞骄虏的雄心、腰斩楼兰的勇气，却只能任华发平添、宝剑生锈。还有什么比眼睁睁地看着祖国的大好河山被敌人吞并更让人痛苦的事情？于是词人只能在夜阑人静之时、于疏星淡月之下独自醉舞，并向惨遭迫害的忠烈表示自己的同情和敬意。这两首词不仅意境苍凉、忧愤深广，而且表达了词人对最高统治者的怀疑和不满，其"天意从来高难问"一句显然是对身为一国之君却屡屡做出投降卖国之举的高宗皇帝画了一个巨大的问号，这在当时无疑是大胆的。在这里，"国"的意义似乎已大于"君"的权威，体现出爱国词人的崇高境界。

张元幹以词著名，兼工诗文，今存词作一百八十余首，有《芦川词》传世。他词风多样，以豪放悲壮为主，继苏轼之后突破了词写离愁别恨、男欢女爱的狭窄题材，把社会生活的重大主题纳入其中，既反映了沦陷地区"群盗纵横，逆胡猖獗"（《石州慢》）的灾难，又表现出南方民众"梦中原，挥老泪，遍南州"（《水调歌头》）的心情；既暗示了"东风妒花恶，吹落梢头嫩萼"（《兰陵王》）的险恶环境，又表达了"整顿乾坤，廓清宇宙，男儿此志会须伸"（《陇头泉》）的勃勃雄心。他善于营造苍凉、凄楚的自然环境，将社会的灾难与自然的景色融为一体，对以后的张孝祥产生了直接的影响。《四库全书总目》云："其词慷慨悲凉，数百年后，尚想其磊落之气。"

张孝祥出生的年代比张元幹稍晚，他于绍兴二十四年参加廷试，与秦桧之孙秦埙同场。当时的主考官为讨好秦桧而将秦埙判为第一，张孝祥为第二。高宗皇帝亲读策论后，认为张孝祥"议论雅正，词翰爽美"，将其擢为进士第一，为此而引起了秦桧的嫉妒。及第后，张孝祥又上疏为岳飞鸣冤，更加引起秦桧的忌恨。后来，秦桧诬蔑张浚谋反，张孝祥的父亲张祁也为此而下狱。秦桧死后，张孝祥曾积极协助张浚北伐，因而不断遭到"主和派"的打击和诽谤。如果说张元幹的爱国词以两首《贺新郎》为代表，那么张孝祥的爱国词则以两首《水调歌头》为标志：

> 雪洗虏尘静，风约楚云留。何人为写悲壮，吹角古城楼？湖海平生豪气，关塞如今风景，剪烛看吴钩。胜喜燃犀处，骇浪与天浮。　忆当年，周与谢，富春秋。小乔初嫁，香囊未解，勋业故优游。赤壁矶头落照，淝水桥边衰草，渺渺唤人愁。我欲乘风去，击楫誓中流。

> 濯足夜滩急，晞发北风凉。吴山楚泽行遍，只欠到潇湘。买得扁舟归去，此事天公付我，六月下沧浪。蝉蜕尘埃外，蝶梦水云乡。　制荷衣，纫兰佩，把琼芳。湘妃起舞一笑，抚瑟奏清商。唤起《九歌》忠愤，拂拭三闾文字，还与日争光，莫遣儿辈觉，此乐未渠央。

前一首写于绍兴三十一年（1161）宋军大败金兵于采石矶之后，词人抑制不住内心的喜悦，为战争的胜利而欢欣鼓舞。他从采石之战联想到古代的赤壁之战和淝水之战，从局部战役的胜利生发出扭转全局的信心，希望宋军将领能够像当年的周瑜、谢玄那样，成为挽救国家命运的英雄。后一首写于乾道二年（1166）作者遭谗言落职，从桂林北归、经湘江的途中。词人由自身的经历联想起三闾大夫的不幸，并以屈原那出污泥而不染的高风亮节来勉励自己，要做一名无愧于天地国家的血性男儿。无论是顺境中的前一首，还是逆境中的后一首，都写得张弛得法、开阖有度。作者思接千载，视通万里，将现实的处境放在历史的纬度下加以思考，得意时并不忘形，悲观时并不绝望，可谓有大家风度。在语言风格上，词人善于将历史的典故化入现实的情境之中，信手拈来，毫不生硬。从"吹角古城楼"到"剪烛看吴钩"，从"胜喜燃犀处"到"击楫誓中流"，从"濯足夜滩急"到"晞发北风凉"，从"蝉蜕尘埃外"到"蝶梦水云乡"，使读者可以清楚地看到一个忠贞而又潇洒、执著而又坦荡的词人的形象。

作为从南宋前期向中期过渡时代的词人，张孝祥词的题材比较广泛，风格也较为多样，在语言的细腻、手法的多样上比张元幹更胜一筹，为大词人辛弃疾的出现铺平了道路。今存词作二百二十余首，有《于湖居士长短句》传世。

从岳飞、"四名臣"到张元幹、张孝祥，南宋词不仅在腥风血雨之中恢复了豪放的气势，而且在金戈铁马之中渐渐有了自己的特点，到了辛弃疾所在的南宋中期，这一特点在相对宽松的社会环境下汇集、凝聚，终于造就了在艺术上能够与苏轼相提并论的一代大家，从而在宋词的历史上出现了新的高潮。

作为一个文武全才、极富传奇色彩的爱国词人，辛弃疾出生在当时已经沦陷了的山东历城。22 岁时，他随济南起义的耿京反抗金廷，并劝说耿京并入南宋部队的统一行动。绍兴三十二年（1162），朝见高宗的辛弃疾在返回部队的途中听说叛徒张国安将耿京杀害，遂带领 50 轻骑兵冲入 5 万之众的兵营，生擒张国安并号令部队重新反正，其英雄壮举，令朝野震动。南归之后，辛弃疾的抗金事业并不平坦。他虽然多次上表，进献谋略，但或被派去整顿地方事务，或被征调讨伐农民暴动，或被迫赋闲隐居，陷于英雄无用武之地的境遇。直到晚年才被重新起用来准备北伐，却已难以亲赴沙场，杀敌立功了。然而，也正是这种特定的遭遇，使他有更多的时间研习文字，最终成为一代词宗。

从数量上看，辛弃疾存词 629 首，是宋代词人中最为多产的一家。其中抗金爱国的篇章虽不占多数，却反映了这位爱国志士不同时期的精神面貌：

> 壮岁旌旗拥万夫，锦襜突骑渡江初。燕兵夜娖银胡
> 䩮，汉箭朝飞金仆姑。　追往事，叹今吾，春风不染白
> 髭须。却将万字平戎策，换得东家种树书。(《鹧鸪天》)
>
> 醉里挑灯看剑，梦回吹角连营。八百里分麾下炙，
> 五十弦翻塞外声，沙场秋点兵。　马作的卢飞快，弓如
> 霹雳弦惊。了却君王天下事，赢得生前身后名。可怜白
> 发生！(《破阵子》)
>
> 千古江山，英雄无觅，孙仲谋处。舞榭歌台，风流
> 总被、雨打风吹去。斜阳草树，寻常巷陌，人道寄奴曾
> 住。想当年、金戈铁马，气吞万里如虎。　元嘉草草，
> 封狼居胥，赢得仓皇北顾。四十三年，望中犹记，烽火
> 扬州路。可堪回首，佛狸祠下，一片神鸦社鼓！凭谁问：
> 廉颇老矣，尚能饭否？(《永遇乐》)

前一首以回忆的形式遥想自己青年时代的英雄伟业，中一首以梦境的形式怀念自己中年时代的军旅生涯，后一首以怀古的形式表达自己老年之后壮心未泯的爱国理想。虽时代不同、境遇不同，却都有一种时不我待的紧迫感和挥

斥方遒的英雄气，可说是将苏轼开创的豪放词风发展到了一种新的境界。正所谓"大声镗鞳，小声铿鍧，横绝六合，扫空万古"（刘克庄《辛稼轩集序》）。

作为风格多样的文学大师，辛弃疾不仅有阳刚的一面，而且有阴柔的一面，其高明之处就在于可以在不同的主题、不同的题材、不同的心境中展现出不同的面貌。开阔处，他有"举头西北浮云，倚天万里须长剑"（《水龙吟》）的气势；精巧处，他有"众里寻他千百度，蓦然回首，那人却在，灯火阑珊处"（《青玉案》）的妙语；归隐处，他有"吾庐小，在龙蛇影外，风雨声中"（《沁园春》）的境界；赋闲时，他有"大儿锄豆溪东，中儿正织鸡笼，最喜小儿无赖，溪头卧剥莲蓬"（《清平乐》）的心境；开心时，他有"人远近，路横斜，青旗沽酒有人家"（《鹧鸪天》）的情趣；寂寞时，他有"把吴钩看了，栏杆拍遍，无人会，登临意"（《水龙吟》）的感慨；兴起时，他有"少年横槊，气凭陵，酒圣诗豪余事"（《念奴娇》）的豪情；颓唐时，他有"杯，汝来前。老子今朝，点检形骸"（《前调》）的漫语……如果说北宋时期的柳永、苏轼都曾为丰富词的表现形式做出过贡献的话，那么将这种形式发展到淋漓尽致的境界，则莫过于辛弃疾了。在他这里，几乎任何思想、任何情绪、任何需要表达的东西，都可以随手拈来，化为庄谐不一、雅俗共赏的词句，给人以或惊、或喜、或悲、或怨的美感享受。

从姜夔、吴文英到张炎

从岳飞、"四名臣"到张元幹、张孝祥，再到辛弃疾，我们可以清楚地看到北宋后期渐趋衰落的豪放词风又有了重新上升直至发扬光大之势。然而物极必反，当词这种文学形式到了无所不能、无所不表的时候，其独具的艺术特征也必然会遭到不同程度的削弱。这在苏轼那里如此，在辛弃疾这里同样如此。因此，尽管辛弃疾在当时的词坛上影响巨大，且有陈亮、刘过等人相追随；但是，随着社会形势步入南宋后期萎靡不振的状态，民族情绪的衰落和艺术自身的发展都使得词风有了新的变化。于是，正像北宋的苏轼之后有了周邦彦、李清照一样，南宋的姜夔、吴文英也将辛弃疾的豪放词风引向了相反的方向。于是，婉约词的时代再次到来了。

姜夔（026）大约比辛弃疾晚生15年，曾与晚年的辛弃疾有过文字交往。但在受到辛词影响的同时，姜夔却走出了一条属于自己的艺术道路。同以往的豪放词人一样，辛弃疾在追求宏放的气势和多样的表现手段的同时，也不可避免地暴露出了书面化、散文化的弱点。而姜夔词恰恰从此处入手，在音律的和谐与修辞的考究方面，做出了自己独特的贡献。姜夔精通音律，对词的选调定腔和审音协律都极为内行，在他现存的八十余首词中，有17首附有自注的工尺旁谱，是流传至今的唯一的宋代词乐文献。除采用原有的填词方法之外，他还首创了先有词、后协律的"自度曲"，真正做到了平仄得体、声情并茂。他的词，不仅音律优美，而且修辞精到，善于利用通感、拟人等手法，创造出"数峰清苦"（《点绛唇》）、"冷月无声"（《扬州慢》）、"墙腰雪老"

（《一萼红》）、"枕簟邀凉"（《惜红衣》）、"夜长争得薄情知，春初早被相思染"（《踏莎行》）、"淮南皓月冷千山，冥冥归去无人管"（《踏莎行》）之类凄清幽冷而又楚楚动人的意境。

在生活经历上，姜夔一生布衣，四处飘零，常以清客的身份寄人篱下，死后至贫而不能葬。在这种状态下，他虽也关注国家的命运、民族的兴亡，但其爱国题材的作品已不占主导地位，其词章更多是抒发羁旅之愁和身世之感。尽管他的创作活动主要是在开禧北伐之前，但其艺术内容已率先具有了南宋后期的特点：

> 淮左名都，竹西佳处，解鞍少驻初程。过春风十里，尽荠麦青青。自胡马窥江去后，废池乔

木，犹厌言兵。渐黄昏，清角吹寒，都在空城。　杜郎俊赏，算而今、重到须惊。纵豆蔻词工，青楼梦好，难赋深情。二十四桥仍在，波心荡、冷月无声。念桥边红药，年年知为谁生。

这首《扬州慢》写于金兵南侵16年后的扬州，面对昔日繁花似锦、而今满目疮痍的荒城，词人虽有亡国之恨，却无复国之心了。诚如陈廷焯《白雨斋词话》中指出的那样，"'犹厌言兵'四字，包括无限伤乱语，他人累千百言，亦无此韵味。"细细玩味，其中之义或有三层：第一，南宋朝廷一再镇压爱国志士的行为已彻底使人心灰意冷；第二，几次北伐的实际战果也使人们的希望一再落空；第三，广大民众在战乱中颠沛流离的苦难现实更使词人感到痛心疾首。于是，姜夔便只有化悲壮为悲凉了。这里的一字之差，恰恰标志着南宋前期词风向后期词境的转折。

同姜夔一样，吴文英终生不仕，以布衣出入于公卿之门，而他那见于沈义父《乐府指迷》中的词学主张，也与姜夔有着相近之处："音律欲其协,不协则成长短之诗;下字欲其雅,不雅则近乎缠令之体;用字不可太露,露则直突而无深长之味;发意不可太高,高则狂怪而失柔婉之意。"其实,词坛上的姜夔、吴文英很容易使人联想起画苑里的马远、夏圭,当前人将全景山水描摹殆尽之后,后人便只能从小处着眼、细处入手了。于是,正像马远、夏圭喜欢在"残山剩水"上做文章一样,姜夔、吴文英则专爱在"只言片语"上下功夫。故张炎《词源》云:"梦窗如七宝楼台,眩人眼目,碎拆下来,不成片段。"吴文英现存词三百余首,声律和谐,意境狭窄,有凄迷朦胧之幽,无开阔辽远之势,比姜夔词更加具有南宋后期的艺术特征:

> 渺空烟四远,是何年、青天坠长星?幻苍崖云树,名娃金屋,残霸宫城。箭径酸风射眼,腻水染花腥。时靸双鸳响,廊叶秋声。　宫里吴王沈醉,倩五湖倦客,独钓醒醒。问苍波无语,华发奈山青。水涵空、阑干高处,送乱鸦、斜日落渔汀。连呼酒,上琴台去,秋与云平。(《八声甘州》)

该词以灵岩山吴国遗址为背景,在想象和幻想中

宿雨清畿甸
朝陽麗帝城
豐年人樂業
隴上踏歌行

⑪ / 马远
《踏歌行》

⑫ / 夏圭
《松溪泛舟图》

⑭ / 徐禹公
《雪中梅竹图》

这是一幅绢本水墨横卷，以浓墨勾勒枝干，以淡墨渲染背景，从而衬托出梅竹上的积雪，给人以临霜傲雪、凛然不屈的深刻映象，很容易联想起在那个国难当头、朝廷昏暗的社会里，知识分子的艰难处境，与扬无咎的《雪梅图》一脉相承。

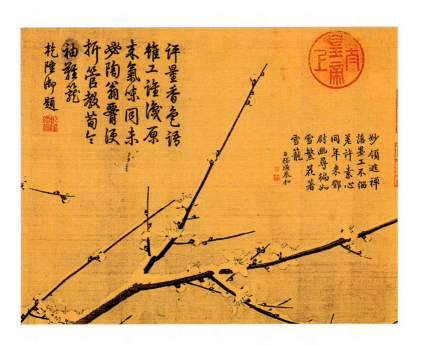

评量香色语
维工诠澹原
来气味同来
燮陶翁霄浸
折笛教荀匕
袖雅为甓
乾隆御题

妙领逃禅
诺墨工不缁
羞许素心
同年来邓
尉出寻编如
雪繁花著
雪籠
日楛渔采和

楊補之潑墨梅三昧
山谷道人霜回如娜宕
清曉行孤山巍巍間
但欠香氣剝葉端
春色々妙正之為笑

海野春農

横斜全似越溪時
誰道春歸無覓處
寫出江南雪厲枝
簾端畫化出天巧

⑬ / 扬无咎
《雪梅图》

横斜全似越溪時
誰道春歸無覓處
寫出江南雪厲枝
簾端畫化出天巧

⑮ / 日月观音
（大足北山"转轮经藏"）

感世伤怀，有所寓意。但语言跳跃、含义隐晦，与姜夔词又有不同。

在南宋后期的词坛上，除姜夔、吴文英影响巨大外，属于婉约派的词人，还有史达祖、高观国、卢祖皋、周密、陈允平、王沂孙等，他们大都远绍周邦彦、近师姜夔，以怀人、怀旧、怀古为题材，有着"亡国之音哀以思"的共同特点。而将这一特点在理论和实践上发挥到极致的，则是宋末元初的张炎。

作为名门显贵的后代，张炎同时经历了宋室的覆亡、家道的衰落、身世的艰难，因而自有其深刻的悲剧体验。在艺术上，有人赞美他无周邦彦、姜夔两家之短，而兼有两家之长。即是说，他不仅音律严谨，而且内容平实。其代表作《甘州》似乎证实了这一点：

> 记玉关、踏雪事清游。寒气脆貂裘。傍枯林古道，长河饮马，此意悠悠。短梦依然江表，老泪洒西州。一字无题处，落叶都愁。　载取白云归去，问谁留楚佩，弄影中洲？折芦花赠远，零落一身秋。向寻常野桥流水，待招来、不是旧沙鸥。空怀感，有斜阳处，却怕登楼。

这是张炎45岁寄寓绍兴时的作品，主要写北游大都的失意和怀念故国的情思，充满了身世漂泊的苦恼和前途无望的感伤。词风细腻而不雕琢，严整而不板滞。难怪《四库全书总目》称其"苍凉激楚，即景抒情，备写其身世盛衰之感，非徒以剪红刻翠为工。至其研究声律，尤得神解，以之接武姜夔，居然后劲"呢。

张炎不仅存词三百多首，而且有《词源》二卷，上卷论词的音乐形式，下卷论词的创作技巧，是继李清照《词论》之后又一部影响深远的理论著作。在李清照有关"词别是一家"的理论基础上，张炎从风格、技巧等各个方面，进一步探讨了词的创作规律，主张格调上要"清空"、思想上要"淳厚"、音律上要"雅正"。作为南宋婉约词派的理论总结，张炎不仅认为柳永词"为情所役"，有失"雅正之音"；辛弃疾的创作属于"豪气词"而非"雅词"，或者从严格意义上说只是"长短句之诗"而已；甚至对李清照间或以"俚词"入歌的做法也表示了不满。尽管从维护"词的纯洁性"的角度上看，这些观点也并非全无道理；尽管《词源》在构思、命意、句法、字法、用典等具体技巧上，都不乏精到的分析；但是，当词这种原本来自民间的艺术形式，发展到了要与复杂的社会生活和丰富的人类情感相疏离的时候，它的衰亡便自然而然地接踵而至了。从这一意义上讲，张炎的《词源》既可被看成是南宋婉约词风的理论总结，又可被看成是词之衰落的理论标志。

元代以后，词的形式尽可以继续地高雅下去，但影响时代的艺术将让位于更加俚俗的曲。

从范成大、杨万里到陆游 南宋的词人没有不作诗的，而南宋的诗人也没有不填词的。因此，这里的诗人和词人本没有一个严格的界限，只是根据其成就的偏重而相对区分而已。受社会生活的影响，如果说南宋的词风有着一个由从复兴豪放派到重归婉约体的过程，那么南宋的诗风则有着一个从摆脱江西派到重归晚唐体的过程，且二者的发展轨迹基本上是同步的。

南宋的诗歌，本是沿着北宋的江西诗派发展下来的。南宋初年，有韩驹、吕本中等人驰骋于前，曾幾、汪藻诸家徘徊于后，活跃在诗坛上的大多属于江西诗派。但是，由于此派诗风过多地强调书本修养而忽视生活内容，不能适应紧迫的抗金斗争，因而成就不大。直到南宋中期，出现了范成大、杨万里，情况才有了实质性的变化。

范成大在绍兴二十四年考取进士，入仕之前，他便抱有重振国威的远大理想。"绍兴和议"达成后，朝廷为了接待金使，曾特地建造了富丽堂皇的姑苏馆，以供其居住和享受。对此，范成大深感不满，写下了《秋日二绝》，其中一首讽刺道："碧芦青柳不宜霜，染作沧洲一带黄。莫把江山夸北客，冷云寒水更荒凉。"入仕不久，他便赶上了"孝宗中兴"，有了用武之地。乾道六年，孝宗决意废除使臣向金国跪拜受书这一耻辱性礼仪，朝中大臣均不敢受命，唯范成大挺身而出，抱着必死的决心出使金国。他在金銮殿上大义凛然、从容抗辩的行为，使

金主也不得不感到敬佩，结果竟像当年秦王对
蔺相如那样，使之礼毕而归了。正是在这次出
使金国的过程中，范成大写下了一组慷慨悲壮
的爱国诗篇，其《会同馆》云："万里孤臣致命
秋，此身何止一沤浮。提携汉节同生死，休问
羝羊解乳不！"

范成大存诗一千九百余首，"大篇短章，传
播四方"。在艺术上，他早年受"江西派"的影
响，也曾写过一些堆砌典故、阐发议论的作品，
但开阔的政治视野和丰富的仕宦经历使他的创
作渐渐从单纯的书本中转移出来，以面对活生
生的社会现实。他晚年所作的《四时田园杂兴
六十首》既描绘了田园景色的美好，又反映了
农村生活的艰辛，为古代的田园诗开辟了新的
局面：

> 梅子金黄杏子肥，麦花雪白菜花稀。日长篱落无人
> 过，惟有蜻蜓蛱蝶飞。

> 昼出耘田夜绩麻，村庄儿女各当家。童孙未解供耕
> 织，也傍桑阴学种瓜。

> 新筑场泥镜面平，家家打稻趁霜晴。笑歌声里轻雷

动，一夜连枷响到明。

　　垂成穑事苦艰难，忌雨嫌风更怯寒。笺诉天公休掠
剩，半偿私债半输官。

与江西诗派"无一字无来处"的创作理念不同，这组由 60 首七绝所组成的田园诗，其"来处"不在书本，而在生活。因此，它们虽不够风雅，不够艰深，但却伴随着劳动的汗水而散发出泥土的芬芳。

　　杨万里，号诚斋，是与范成大同年的进士。他在仕途上的成就不如范成大，但在诗歌上的影响却有过之。《江湖集》自序中云："予少作有诗千余篇，至绍兴壬午年七月皆焚之，大概江西体也。"在摆脱了"江西派"的束缚之后，杨万里师法自然，独出机杼，创立了别具一格的"诚斋体"。与"江西派"以学问为诗，强调出处、来历不同，"诚斋体"以生活为诗，强调感受和体验；与"江西派"以议论为诗，强调理趣、思辨不同，"诚斋体"以情趣为诗，强调情感和想象。杨万里在《荆溪集》自序中指出："步后园，登古城，采撷杞菊，攀翻花竹，万象毕来，献予诗

材。"因此，他的诗大都有感而发，率性而至，不堆垛，不执拗，不粘着，不深奥，清新自然，明白晓畅。

　　毕竟西湖六月中，风光不与四时同。接天莲叶无穷碧，映日荷花别样红。(《晓出净慈寺送林子方》)

　　社日今年定几时，元宵过了燕先归。一双贴水娇无奈，不肯平飞故仄飞。(《正月二十八日峡外见燕子》)

　　天上云烟压水来，湖中波浪打云回。中间不是平林树，水色天容拆不开。(《过宝应县新开湖》)

　　霁天欲晓未明间，满目奇峰总可观。却有一峰突然长，方知不动是真山。(《晓行望云山》)

　　杨万里存诗四千两百余首，除了上述清新明媚的风景诗之外，还有一些抗敌御辱的爱国诗和关心民众的悯农诗。这些诗仿佛是一股清新的空气，吹彻了令人窒息的诗坛。

　　如果说范成大和杨万里体现了南宋诗歌摆脱"江西派"的影响，走向现实生活的努力；那么陆游则百尺竿头更进一步，踏上了南宋诗坛新的高峰。陆游出生的第二年，正值金兵攻陷开封，在随家人逃往南方和以后的成长过程中，他渐渐生发出收复河山、抗金雪耻的雄心壮志，并以此作为终生的追求。29岁时，陆游赴临安应考，初试成绩名列第一，但因居于秦桧孙子之前，又常不忘国耻、"喜论恢复"，竟在复试时被除名。直到秦桧死后，他才得到起用。孝宗即位后，主战派占了上风，主持北伐的张浚对陆游十分赏识，予以重用。但北伐失利、隆兴议和后，张浚即被解职，陆游也因"鼓唱是非，力说张浚用兵"而遭罢黜。直到46岁时，陆游才又出任夔州通判，后应四川宣抚使王炎的邀请，入幕府襄理军务。在此期间，他身着戎装，走遍了汉中一带的军事要塞，写下了不少慷慨悲壮的边塞诗。然而随着王炎的去职，壮志未酬的陆游再次被委以闲差，只得借酒浇愁，宣泄内心的苦闷。54岁后，陆游离开四川，曾几度在福州、江西、严州等地出任公职，但大多时间过着清苦寂寞的在野生活。尽管如此，他仍然念念不忘复国大业，直到晚年还不断撰写爱国诗篇。由此可见，他的一生与张元幹、张孝祥乃至辛弃疾等爱国词人有着不少相近之处。

　　陆游在南宋诗坛上的地位，正可与辛弃疾在南宋词苑中的贡献相媲美。从数量上看，陆游才思敏捷，下笔神速，曾自编《剑南诗稿》，至今仍存诗九千三百余首。从质量上看，陆游诗不仅内容丰富、风格多样，而且贯穿着一股蓬勃激越的爱国热情。

　　　　早岁那知世事艰，中原北望气如山。楼船夜雪瓜洲渡，铁马秋风大散关。塞上长城空自许，镜中衰鬓已先斑。《出师》一表真名世，千载谁堪伯仲间！（《书愤》）

　　　　僵卧孤村不自哀，尚思为国戍轮台。夜阑卧听风吹雨，铁马冰河入梦来。（《十一月四日风雨大作》）

　　　　死去元知万事空，但悲不见九州同。王师北定中原日，家祭无忘告乃翁。（《示儿》）

前一首以回忆的形式抒发自己年轻时代气壮山河的锐气，中一首以梦境的方式表达自己中年时代为国戍边的热望，后一首以遗嘱的方式吐露自己暮年时代事业未竟的遗憾。尽管诗中反映的年代不同、境遇不同，却始终潜藏着以身报国的理想和壮志未酬的悲愤，因而显得深沉有力、悲壮动人。梁启超在《读陆放翁集》中评价道："诗界千年靡靡风，兵魂销尽国魂空。集中十九从军乐，千古男儿一放翁！"

作为风格多样的文学大师，陆游不仅有阳刚的一面，也有阴柔的一面，其高明之处就在于可以在不同的主题、不同的题材、不同的心境中展现出不同的面貌。开阔处，他有"九轨徐行怒涛上，千艘横系大江心"（《度浮桥至南台》）的气势；精巧处，他有"山重水复疑无路，柳暗花明又一村"（《游山西村》）的妙语；急切处，他有"老子犹堪绝大漠，诸君何至泣新亭"（《夜泊水村》）的怒吼；闲暇时，他有"小楼一夜听风雨，深巷明朝卖杏花"（《临安春雨初霁》）的情趣；开心时，他有"更呼斗酒作长歌，要使天山健儿唱"（《九月十六日夜梦驻军河外遣使招降诸城觉而有作》）的欢歌；寂寞时，他有"此身合是诗人未？细雨骑驴入剑门"（《剑门道中遇微雨》）的感慨；兴起时，他有"苜蓿连云马蹄健，杨柳夹道车声高"（《山南行》）的豪情；怀旧时，他有"伤心桥下春波绿，曾是惊鸿照影来"（《沈园》）的感伤……在这里，即使采用了典故，变换了出处，也总是与特定的生活环境相贴切，与特定的思想情感相暗合，而没有生搬硬套、卖弄才学之感。

从"永嘉四灵"
"江湖诗派"到严羽

尽管杨万里和陆游都在摆脱"江西派"的过程中为诗歌赋予了更加复杂的社会内容和更加多样的表现形式，但由于因袭太久、浸染太深的缘故，就连二者也没有摆脱殆尽。在这一方面，成就不高、影响不大的"永嘉四灵"和"江湖诗派"却显示出更加自觉、更加彻底的努力。于是，进入南宋后期以来，一股反对"江西派"、复归"晚唐体"的思潮出现了。

所谓"永嘉四灵"，是指在诗歌创作上主张另辟蹊径的赵师秀、徐照、翁卷、徐玑。由于他们四人中有三位籍贯为温州永嘉，且字号中皆有一个"灵"字，故以此闻名。从生活经历上看，此四人半为薄宦、半为布衣，地位和声名都不显赫；从艺术创作上看，他们虽留下了一些状物写

229

景、感世伤怀的警联秀语，但多有句无篇、因狭出奇，成就和影响都不太大。他们的意义，就在于明确地举起了反对"江西派"的旗帜，并以"晚唐体"而代之。

我们知道，自北宋黄庭坚以来，"江西派"的出现，本是在唐诗已占尽的天地之外为宋诗的发展开辟出一条捷径。在一定的历史时段内，这种主张精研翰墨、尽显才学、独抒义理的美学思想也确乎为诗坛增加了某些新的声色。尤其是在注重前人创作成就的基础上，"江西派"总结出一套"夺胎换骨""点铁成金"之类的创作方法，使诗歌创作似乎有了学习的门径，其影响也便绵延不绝、愈演愈烈起来。甚至在某种意义上讲，"江西派"的美学特征已代表了宋代诗歌的基本特色。但是，当艺术的创作成为一种可供学习和效法的模式之后，当书本之"流"取代了生活之"源"以后，当理性的思辨代替了感性的领悟之后，诗歌创作也便要沦落为一种知识竞赛和文字游戏了。从这一意义上讲，"江西派"在宋代的影响，是弊大于利的。事实上，确乎有不少人像邯郸学步一样，在"江西派"的章法面前麻木了自己的感官、丧失了自己的天性。正像钱钟书所指出的那样，"古代作家言情写景的好句或者古人处在人生各种境地的有名轶事，都可以变成后世诗人看事物的有色眼镜，或者竟离间了他们和现实的亲密关系，支配了他们观察的角度，限止了他们感受的范围，使他们的作品'刻板'、'落套'、'公式化'。他们仿佛挂上口罩去闻东西，戴了手套去摸东西。譬如赏月作诗，他们不写自己直接的印象和切身的情事，倒给古代的名句佳话牢笼住了"[1]。也正是在这一角度上讲，"永嘉四灵"反对"江西派"的理论和实践也才有了进步意义。

作为一种矫枉过正的诗学主张，"永嘉四灵"针锋相对地把"江西派"的"资书以为诗"改变成"捐书以为诗"，把"江西诗派"的"无一字无来处"，改变为"以不用事为第一格"，这样一来，他们便把生活之"源"与书本之"流"的关系重新颠倒了过来。为了给这些富有变革意义的观点寻找理论根据，他们将目光由"江西派"移向了"晚唐体"。对于晚唐诗人，黄庭坚在《与赵伯充》一文中曾有定论："学老杜诗，所谓'刻鹄不成尚类鹜'也；学晚唐诸人诗，所谓'作法于凉，其敝犹贪；作法于贪，敝将若何！'"在这里，"永嘉四灵"之所以重新抬出"江西派"最看不起的"晚唐体"，除了有反其道而行之的意义之外，还有着另外三个原因。第一，从题材上看，晚唐诗人以绝句为多，这种短小的体制是最不便夹缠典故和学识的；第二，从风格上看，除李商隐等个别人物外，晚唐诗人也确乎少有书袋气息，比较简洁明快；第三，从内容上看，在国势颓危、前途无望的南宋后期，人们已不再奢望什么"盛唐气象"，倒很容易在晚唐诗人的怀旧和苦吟之中找到共鸣。因此，"晚宋人"学"晚唐体"也就不是什么难以理解的事情了。其实，早在"永嘉四灵"之前的杨万里和潘柽等人，就已经表示过对晚唐诗人的兴趣，只不过当初时机未到，没有引起普遍关注而已。需要指出的是，"永嘉四灵"的"晚唐体"，其实主要是指贾岛、姚合等苦吟诗人，这既与"苦吟派"强调言由己出的创作原则有关，也与"永嘉四灵"自身的器具狭小有关。由于学者和被学者都没有深邃的目光和开阔的视野，便注定了学习的结果虽有灵性却成不了大气了：

> 黄梅时节家家雨，青草池塘处处蛙。有约不来过夜半，闲敲棋子落灯花。（赵师秀《约客》）
>
> 一天秋色冷晴湾，无数峰峦远近间。闲上山来看野水，忽于水底见青山。（翁卷《野望》）
>
> 水满田畴稻叶齐，日光穿树晓烟低。黄莺也爱新凉好，飞过青山影里啼。（徐玑《新凉》）

在"永嘉四灵"前后，江湖上还漂泊着不少生活经历和艺术主张均较为近似的诗人，如姜夔、刘克庄、戴复古、方岳、周文璞、叶绍翁、乐雷发等。他们大多不事科举，以诗文而干谒公卿，在艺术主张上也都渐渐成了"江西派"的对立面。由于时人陈起曾将他们的诗稿陆续编辑成《江湖集》《江湖前集》《江湖后集》《江湖续集》刊印，遂有"江湖诗人"之称。

在理论上，"江湖诗人"与"永嘉四灵"大同而小异：他们虽也反对"江西派"的掉书袋，但却不主张完全放弃书本知识。曾为南宋后期婉约词的发展开创新局面的姜夔不仅留有180首诗篇，还写下了颇有见地的诗论著作《白石道人诗说》。同"永嘉四灵"一样，姜夔也反对"江西诗派"以书本为根据的创作法则，但他却并不是简单地废法，而是要把"江西派"有关"死法""活法"的观点颠倒过来："向也求与古人合，今也求与古人异"（《诗集·自叙二》），认为研习古诗并不是要沿袭古法，而恰恰是要超越古人，这显然比"永嘉四灵"捐弃一切书本知识的口号更加辩证。比姜夔晚些时候的刘克庄也有类似的观点：一方面，他认为"江西派"的"资书以为诗失之腐"；另一方面，他又认为"永嘉四灵"的"捐书以为诗失之野"（《韩隐君诗序》），希望为诗歌探索出一条既富有创作活力，又不失文化品格的创作道路。

在实践上，"江湖诗人"比"永嘉四灵"开阔而驳杂。他们虽也取法于晚唐，但感兴趣的不光是贾岛、姚合，更有杜牧、许浑、温庭筠、李商隐、皮日休、陆龟蒙等人；他们虽然也以抒发羁旅愁思等私人情感为主，但又不乏激扬愤慨的爱国之作。除去其各自的特性之外，这派诗人似乎确有一种落魄江湖的共同特征，一种临近衰亡的末世情调：

> 细草穿沙雪半销，吴宫烟冷水迢迢。梅花竹里无人见，一夜吹香过石桥。（姜夔《除夜自石湖归苕溪》之一）
>
> 江头落日照平沙，潮退渔船阁岸斜。白鸟一双临水立，见人惊起入芦花。（戴复古《江村晚眺》之一）
>
> 诗人安得有青衫，今岁和戎百万缣。从此西湖休插柳，剩栽桑树养吴蚕。（刘克庄《戊辰即事》）
>
> 漠漠余香着草花，森森柔绿长桑麻。池塘水满蛙成市，门巷春深燕作家。（方岳《农谣》）

从杨万里到陆游，如果说南宋前期的诗歌发展是以摆脱"江西派"而投身现实生活为指向的；那么从"永嘉四灵"到"江湖诗派"，南宋后期的诗歌发展则要在以摆脱"江西派"的基础上重归"晚唐体"为目的了。这一切，终于在严羽的《沧浪诗话》那里画上了一个句号。

宋人爱发议论，故诗话颇多。据统计，现存完整的宋代诗话，尚有四十余部。在诗话的发展过程中，这些原为闲言碎语、奇闻逸事的诗余之话，也渐渐有了理论形态。这其中，清人潘德舆曾将张戒的《岁寒堂诗话》、姜夔的《白石道人诗说》和严羽的《沧浪诗话》视为贯穿南宋诗坛的"金绳宝筏"（《养一斋诗话》卷八），应该是有一定道理的。张戒是南宋初年的政治家，因与赵鼎、岳飞等人共同主战而被革职。他的《岁寒堂诗话》虽然坚持以"言志"为本、以"无邪"为尚的儒家正统思想，但在反对"江西派"以"用事"为本、以"来历"为尚的创作倾向上，还是有一定意义的。说到底，"从胸襟中流出"的才是"志"，从书本上查到的并非"诗"。而姜夔的《白石道人诗说》则进一步阐发了学识与艺术之间的关系："文以文而工，不以文而妙，然舍文无妙，胜处自悟。"在姜夔看来，作品是否体现了一定的学识，这只是"工"与"不工"的问题，而不是"妙"与"不妙"的问题；然而要达到高妙的境界，又必须有一定的学识为基础，并在此基础上加以领悟。继姜夔之后，生活在南宋后期的严羽在其著名的《沧浪诗话》中彻底地解决了这一问题："夫诗有别材，非关书也；

诗有别趣，非关理也。然非多读书，多穷理，则不能极其至。所谓不涉理路、不落言筌者，上也。"从表面上看，此语同刘克庄调和"江西派"之"资书以为诗"与"永嘉四灵"之"捐书以为诗"的想法不无二致，但他要解决的已不只是"腐"和"野"的风格偏颇问题，而是要解决学识与创作、理论思维与形象思维的本质差别问题。不解决这一问题，便永远也驱赶不掉"江西派"的阴魂，也永远继承不了"江西派"所积累下来的财富。而解决了这道难题之后，严羽就可以对整个宋代诗坛来一个彻底的清算了：

> 诗者，吟咏情性也。盛唐诸人惟在兴趣，羚羊挂角，无迹可求。故其妙处，透彻玲珑，不可凑泊，如空中之音，相中之色，水中之月，镜中之象，言有尽而意无穷。近代诸公乃作奇特解会，遂以文字为诗，以才学为诗，以议论为诗。夫岂不工，终非古人诗也，盖一唱三叹之音，有所歉焉。

我们知道，"江西派"的始祖黄庭坚也曾推崇杜甫的诗，但他推崇的既不是杜诗沉郁顿挫的格调，也不是杜诗意在言外的风神，只是杜诗的法度、格律、语言、功夫，因而被张戒目之为"未可谓之得髓"。接下去，反其道而行之的"永嘉四灵"和"江湖诗派"丢掉盛唐而取法晚唐，也同样不得要领。这里边连筋带骨的种种纠葛，在严羽的笔下，却像庖丁解牛一样，三刀两斧，便迎刃而解了。说到底，诗歌的本质特征明确了，诗人所要学习的榜样也就随之而明确了。

　　无论如何，身居宋末而向往盛唐，不能不说是一件令人悲哀的事情。更何况，严羽所向往的，还只是盛唐诗歌的美学水准而非社会内涵。从横向的历史坐标看，严羽的《沧浪诗话》可以同张炎的《词源》相媲美，它们分别是高度发展的宋代诗、词在理论上的总结性成果；从纵向的历史坐标看，严羽的《沧浪诗话》则要比张炎的《词源》重要得多，它上接司空图的"韵味论"，下启王士祯的"神韵说"，真正将封建社会后期偏于含蓄、偏于空灵的美学倾向确立了下来，从而有了超越时代的历史意义。

言政论兵之文、讲学鸣道之文、叙史述异之文

特定的社会环境，使得南宋的文人心态不似北宋的从容闲雅，其文风也显得相对局促，缺少大家风范。故所谓"唐宋八大家"中，唐有其二，北宋占其六，南宋则付之阙如。但是，也正是由于特定的政治、军事和文化氛围，使得南宋散文亦有其独自的特色。这其中，尤以言政论兵之文、讲学鸣道之文和叙史述异之文最为繁盛，试分而论之。

自太祖立下"不得杀士大夫及上书言事人"的戒碑（《宋稗类钞》卷一）之后，有宋以来的知识分子便以喜谈国事、好发议论而著称，无论是拾遗补阙的谏官、近臣，还是居乡在野的布衣、士子，都可以呈折上表，或干谒公卿，就国家大事发表自己的看法。像欧阳修的《与高司谏书》、王安石的《本朝百年无事札子》等政论性散文，就是在这种环境下出现的。进入南宋以后，随着形势的严峻，这类言政论兵之文大行其道，超过了战国以来的任何时代。不少知识分子从"位卑未敢忘忧国"的忧患意识出发，或纵论古今，分析南宋王朝所面临的历史境遇；或献计献策，阐发自己救国图存的独到见解；或披肝沥胆，揭露奸相佞臣的卖国行为；或仗义执言，申述爱国志士的不幸遭遇。其情之真，言之切，理之明，气之壮，常能感人肺腑，催人泪下，从而构成了南宋文坛上最为亮丽的一道艺术景观。如李纲的《议国是》、陈东的《上高宗皇帝第一书》、宗泽的《乞毋割地与金人疏》、岳飞的《乞出师札》、胡铨的《戊午上高宗封事》、虞允文的《论今日可战之机有九疏》、陆游的《代乞分兵取山东札子》、辛弃疾的《美芹十论》、陈亮的《中兴论》等，都是既有现实意义又有美学价值的政论文章。从内容上看，这些作品无不洋溢着一种精忠报国的民族情感；从形式上看，这些作品也大都语气急促、言辞激烈，有一种真理在手、成竹在胸的自信。例如，针对王伦有关"我一屈膝，则梓宫可还，太后可复，渊圣可归，中原可得"的主降说词，胡铨在《戊午上高宗封事》中告诫皇帝道：

> 陛下一屈膝，则祖宗庙社之灵，尽污夷狄；祖宗数百年之赤子，尽为左衽；朝廷宰执，尽为陪臣；天下士

> 大夫，皆当裂冠毁冕，变为胡服。异时豺狼无厌之求，
> 安知不加我以无礼如刘豫者哉？夫三尺童子，至无知也，
> 指犬豕而使之拜，则怫然怒。今丑虏则犬豕也，堂堂天
> 朝，相率而拜犬豕，曾童稚之所羞，而陛下忍为之耶！

这里的论述已将轻信"主和派"的高宗皇帝置于无地自容的境地，难怪要对作者进行惩罚呢！

这一时期的知识分子，已与北宋时期那些身在九五之侧，却偏偏向往山林水泽、茅屋草舍的文人士大夫有了明显的不同。他们身为文人，却偏爱谈兵论战；身为布衣，却喜为帝王之师。由于相信自己的智慧和才华能够扶社稷于将倾之际，救黎民于水火之中，故而其文章表现出了相当大的气度。正像陈亮在《又甲辰秋书》中自诩的那样：

> 研穷义理之精微，辨析古今之同异，原心于秒忽，
> 较礼于分寸，以积累为功，以涵养为正，睟面盎背，则
> 亮于诸儒诚有愧焉。至于堂堂之阵，正正之旗，风雨
> 云雷交发而并至，龙蛇虎豹变见而出没，推倒一世之智
> 勇，开拓万古之心胸，如世俗所谓粗块大脔，饱有余而
> 文不足者，自谓差有一日之长。

与这些谈论时事的文章不同，在南宋的散文中，也不乏彰明义理之作，这同当时理学的发展有关。中国古代的经学，大致可分为汉学和宋学两大体系，前者重在精研章句，后者重在阐发义理。故前者有"我注六经"之诚，后者有"六经注我"之志。有宋以来，理学可分为濂、洛、关、闽四派，周敦颐、二程、张载、朱熹等人纷纷建立了自己的理论体系。各门各派的学人为了证明自己观点的正确，常常要撰写文字，同别家的学说进行辩论。事实上，这也正是宋人善辩的又一个原因。与此同时，一些学者、儒生纷纷设立精舍、书院，教书授徒，光大门庭。于是出现了白鹿洞书院、岳麓书院、石鼓书院、嵩阳书院等一大批影响深远的教学机构。由于这些教学机构基本上属于民间性质，没有统一的学术观点，因而它们的发展又反过来进一步促进了学术派别的多样化。南宋中期，官学衰落，书院复兴，一些经过扩建的书院多则可容上千之众，不少知名的学者都到书院来发表自己的学术见解。例如，朱熹复兴白鹿洞和岳麓书院，陆九渊在应天山精舍和象山书院讲学，吕祖谦在丽泽书院发表高论。他们或以明心见性为言，或以切己务实为要，或以格物致知为法，各派之间相互诘难、彼此切磋，形之于笔墨者，便是一篇篇讲学鸣道的文章了。

毫无疑问，这种现象激发了思想、活跃了学术，而且促进了散文的论辩风格。如朱熹与陆九渊的"天理"与"人心"之争，朱熹与张栻关于"中和"问题的论争，以及朱熹的"性命之学"与陈亮、叶适的"功利之学"的论争，都各有建树。但是也应该看到，由于理学自身的僵化保守，在"文"与"道"等关系问题上，又常常会得出不利于文学的结论。在这一问题上，朱熹的观点具有一定的代表性：

> 道者文之根本，文者道之枝叶。(《朱子语类》卷一百三十九)

> 至于文词，一小伎耳！以言乎迩，则不足以治己；以言乎远，则无以治人。是亦何所与于人心之存亡、世道之隆替，而校其利害，勤恳反复，至于连篇累牍而不厌耶？(《朱子语类》卷五十九)

正是由于这种"重道轻文"的观点，使得大

多数理学家都不太重视文辞自身的优美和修饰，使得他们的文章不仅接近口语，而且近乎随意。

除了言政论兵、讲学鸣道之外，南宋还有一批叙史述异的随笔值得注意，像孟元老的《东京梦华录》、洪迈的《容斋随笔》、陆游的《老学庵笔记》、岳珂的《愧郯录》、周密的《齐东野语》和《武林旧事》等等。这批文章大都以写实的手法反映社会生活的方方面面：既有钩稽旧闻，以备后人遗忘之意义；又有立此存照，以警世人耳目之功效。一般说来，世事沧桑，容易使人产生怀古论今之感慨，因而这类作品的出现，大约与时局的骤然变化有关。这其中，孟元老在《东京梦华录》序文中的一段话，似乎有一定的代表意义：

> 一旦兵火，靖康丙午之明年，出京南来，避地江左，情绪牢落，渐入桑榆。暗想当年，节物风流，人情和美，但成怅恨。近与亲戚会面，谈及曩昔，后生往往妄生不然。仆恐浸久，论其风俗者失于事实，诚为可惜，谨省记编次成集，庶几开卷得睹当时之盛。古人有梦游华胥之国，其乐无涯者。仆今追念，回首怅然，岂非华胥之梦觉哉？

有关《东京梦华录》中所记昔日开封朱门绣户、流光溢彩的奢华景象，以及瓦子勾栏、琴棋书画的艺术生活，我们在前面的章节中曾多次引用，这里只想用洪迈《容斋随笔》中的另一段文字加以对比，便可立见其天壤之别的巨大反差：

> 自靖康之后，陷于金虏者，帝子王孙，宦门仕族之家，尽没为奴婢，使供作务。每人一月支稗子五斗，令自舂为米，得斗八升，用为糇粮。岁支麻五把，令绩为裘，此外更无一钱一帛之入。男子不能绩者，则终岁课体。虏或哀之，则使执爨。虽时负火得暖气，然才出外取柴，归再坐火边，皮肉即脱，不日辄死。

> 惟喜有手艺，如医人、绣工之类。寻常只团坐地上，以败席或芦藉衬之。遇客至开筵，引能乐者使奏技，酒阑客散，各复其初，依旧环坐刺绣，任其生死，视如草芥。

文章虽徐徐道来、不动声色，但却将亡国之奴惨绝人寰的悲惨境遇描写得生动具体，既弥补了史书之不足，亦有着明显的文学意义。

随笔的特长不是以宏观的视角描写整个时

代面貌，而是以微观的视角切入特定的社会生活。一些文章以当事者的身份，记录了所见所闻的人物和事迹；一些文章则以参与者的口吻，叙述了所感所思的世态和人情。前者如韩元吉《武夷精舍记》中所描写的朱熹在武夷山建舍收徒、传道授业的历史，洪迈在《稼轩记》中所记载的辛弃疾晚年不得不卜居营宅、退隐躬耕的生活经历；后者如岳珂在《冰清古琴》中所刻画的那个故作风雅而欲买古琴的主人，那个附庸风雅而假充内行的客人，以及那个利用风雅而弄虚作假的商人。

这些叙史述异之文，虽短小却生动，虽平实却深刻，虽不登大雅之堂却有助风俗教化，渐渐成为人们喜闻乐见的文学形式。尽管在传统的文学史教科书上，南宋时期的这类散文是不被重视的，但随着时代的发展和文化的下移，它们却开了明、清随笔之先河。

〔1〕　钱钟书《宋诗选注》第 180 页，人民文学出版社，1958 年版。